Kunden-Controlling

Konzeption und Abgrenzung

von

Peggy Rapko

Tectum Verlag
Marburg 2001

Die Deutsche Bibliothek - CIP-Einheitsaufnahme

Rapko, Peggy:
Kunden-Controlling.
Konzeption und Abgrenzung.
/ von Peggy Rapko
- Marburg : Tectum Verlag, 2001
ISBN 3-8288-8249-8

Tectum Verlag
Marburg 2001

Inhaltsverzeichnis

Abbildungsverzeichnis

Abkürzungsverzeichnis

Abb.	Abbildung
Anm.	Anmerkung
Aufl.	Auflage
Bsp.	Beispiel
bzw.	beziehungsweise
CSI	Customer Satisfaction Index
d.	des
d. h.	das heißt
EDV	Elektronische Datenverarbeitung
f.	folgende
ff.	fortfolgende
Hrsg.	Herausgeber
Jg.	Jahrgang
MAKOR- Skala	Market Orientation- Skala (informationsorientierter Ansatz)
MKTOR- Skala	Market Orientation- Skala (kulturorientierter Ansatz)
S.	Seite
SERVIMPERF	Service Importance Performance Approach
SERVPERF	Service Performance Approach
SERVQUAL	Service Quality Approach
Sp.	Spalte
Vgl.	Vergleiche
u. a.	und andere
z. B.	zum Beispiel

1 Einleitung

Zuerst wird die Problemstellung näher erläutert. Im Anschluss daran werden der Gang der Untersuchung und die Zielsetzung dieser Arbeit dargelegt.

1.1 Problemstellung

Die Thematik des Controlling ist aus der Praxis heraus erwachsen[1] und hat sich innerhalb der letzten Jahre trotz anfänglicher Akzeptanzprobleme auch in der wissenschaftlichen Theorie etabliert. Die eigenständige Problemstellung des Controlling ergibt sich durch die im Folgenden beschriebenen Entwicklungen.[2]

Zur langfristigen Sicherung seiner finanziellen Ressourcen und damit seiner Existenz muss ein Unternehmen in der Lage sein, ständig auf Veränderungen der Umwelt zu reagieren und sich anzupassen.[3] Die Einflüsse aus der Unternehmensumwelt erhöhen aber zunehmend die Anforderungen an die Unternehmensführung, da durch die steigende Dynamik in der Unternehmensumwelt eine größere Unsicherheit entsteht.[4] Des Weiteren ist eine gestiegene Komplexität der Umwelt zu beobachten,[5] aufgrund von z. B. Internationalisierung bzw. Globalisierung sowie der Intensivierung des Wettbewerbs. Diesen veränderten Umweltbedingungen passen sich die Unternehmen durch Schaffung interner Komplexität, z. B. Wachstum und Dezentralisierung, an.[6] Dadurch wächst der Koordinationsbedarf für

---

[1] Vgl. BRAMSEMANN, R. (1978), S. 9.

[2] Vgl. KLENGER, F. (1997), S. 27; NEUMANN- SZYSKA, J. (1994), S. 20f.; SCHWEITZER, M./FRIEDL, B. (1992), S. 141.

[3] Vgl. SERFLING, K. (1992), S. 11.

[4] Vgl. SERFLING, K. (1992), S. 15; ZIEGENBEIN, K. (1998), S. 19.

[5] Vgl. BRAMSEMANN, R. (1993), S. 37.

[6] Vgl. HOFFMANN, W. u. a. (1996), S. 45f.; KLENGER, F. (1997), S. 27.

Unternehmensaktivitäten. Darüber hinaus muss die Unternehmensumwelt sorgfältig beobachtet werden, um reagieren zu können. Das allein reicht aber nicht aus, da es zunehmend notwendig wird, auch Entwicklungen vorhersehen zu können. Zur Bewältigung dieser Anforderungen sind erhöhte Anstrengungen notwendig, da die Koordinations-, Reaktions-, Anpassungs- und Antizipationsfähigkeiten an Bedeutung gewinnen. Controlling soll helfen, diese Situation im Unternehmen zu meistern, wie später noch näher erläutert wird.

Aufgrund der relativen Neuheit dieses Forschungsgebietes der Wissenschaft und der vorhandenen Differenzen bezüglich des Begriffs des Controlling, ist immer noch eine Fülle von Fragestellungen für die betriebswirtschaftliche Forschung offen. Bei näherer Analyse der verschiedenen Definitions- und Kategorisierungsansätze ist allerdings ein Trend zur Annäherung und Festigung des Begriffs erkennbar.[7]

In den letzten Jahren wurde in der Literatur verstärkt Kundenorientierung thematisiert.[8] Allerdings ist diese Thematik nicht neu, sondern war für Unternehmen schon immer wichtig.[9] Es wird trotz dieser Diskussion jedoch bemängelt, dass Kundenorientierung meist nur ein Lippenbekenntnis ohne reale Auswirkungen ist.[10]

Das Interesse an dieser Thematik resultiert aus zwei gegenläufigen Entwicklungen. Zum einen wird durch die gestiegene Anzahl der Wettbewerber die Anzahl vergleichbarer Produkte zunehmend größer.[11] Dadurch sind zusätzliche Angebote der Unternehmen notwendig, wie z. B. Service, Beratung und Kundendienst,[12] um den Kunden zu bewegen, gerade ihr Pro-

---

[7] Vgl. KÜPPER, H.-U. u. a (1990), S. 282.

[8] Vgl. BICKMANN, R./SCHAD, M. (1998), S. 13; PLINKE, W. (1996), S. 42; REINECKE, S. u. a (1998), S. 7; WAGNER, P. (1997), S. 2.

[9] Vgl. NAGEL, K. (1995), S. 9.

[10] Vgl. PETERS, TH. J./WATERMAN, R. H. (1995), S. 156.

[11] Vgl. BICKMANN, R./SCHAD, M. (1998), S. 22.

[12] Vgl. WAGNER, P. (1997), S. 9.

dukt zu kaufen. Dieser Druck durch fehlende Produktdifferenzierung wird noch dadurch erhöht, dass die Transparenz der Märkte und damit das Verbraucherbewusstsein durch Medien, wie z. B. Stiftung Warentest und das Internet, steigt.[13] Dadurch sind die Ansprüche der Konsumenten gestiegen, die mit Standardprodukten nicht mehr erfüllt werden können.[14] Auf der anderen Seite sind die Unternehmen zunehmend nicht in der Lage, diese Ansprüche der Kunden zu erkennen und zu erfüllen, weil sie sich den veränderten Marktbedingungen noch nicht angepasst haben.[15] Dies resultiert daraus, dass in großen Unternehmen meist nur noch die Verkäufer eng mit den Kunden zusammenarbeiten. Durch die Dezentralisierung von Unternehmen verlieren die meisten Mitarbeiter den Kontakt zum Kunden und orientieren sich an anderen Ansprüchen, z. B. denen der Vorgesetzten.[16]

Diese Entwicklung hat dazu geführt, dass verstärkte Anstrengungen für eine bessere Kundenzufriedenheit unternommen wurden. Jedoch waren diese Maßnahmen meist auf die Erreichung eines hohen Marktanteils gerichtet, ohne direkt auf die Wirtschaftlichkeit der Aktivitäten zu achten. Durch diese Fokussierung auf Kundenakquisitionen wurde teilweise der vorhandene Kundenstamm vernachlässigt.[17]

Ein weiterer negativer Trend ist die Fokussierung auf Umsatzmaximierung, ohne die Profitabilität der Kunden zu berücksichtigen. Eine Konzentration auf die bedeutenden und attraktiven Kunden wird vernachlässigt.[18] Vor dem Hintergrund dieser Entwicklungen ist fraglich, inwieweit das Controlling zu einer ganzheitlichen Betrachtung der Beziehung zwischen Kunde und Unternehmen beitragen kann und ob es sinnvoll und notwendig ist, dazu ein spezielles Controlling einzuführen.

---

[13] Vgl. BICKMANN, R./SCHAD, M. (1998), S. 22.

[14] Vgl. BECKER, R. (1997), S. 36; ERLBECK, K. (1999), S. 6.

[15] Vgl. ADENAUER, S. u. a. (1999), S. 16f.

[16] Vgl. BECKER, R. (1997), S. 33f.; WAGNER, P. (1997), S. 15f.

[17] Vgl. KLINGEBIEL, N. (1998), S. 308.

[18] Vgl. HOMBURG, CH./DAUM, D. (1998), S. 126.

Die Notwendigkeit der Einführung eines speziellen Controlling ist besonders kritisch zu prüfen, da in der Literatur die Tendenz zu finden ist, Controlling mit einer Vielzahl von Sachverhalten zu verknüpfen.[19] Dadurch läuft dieses Wissenschaftsgebiet Gefahr, ausgehöhlt und verwässert zu werden. Aus diesem Grund muss ein spezielles Controlling in der Lage sein, die Anforderungen an ein Wissenschaftsgebiet zu erfüllen.

1.2 Gang der Untersuchung

Ziel dieser Arbeit ist es, eine Rahmenkonzeption für ein Kunden-Controlling zu entwickeln. Dieses wird auf Basis einer dargestellten allgemeinenControlling-Konzeption geschehen. Dazu werden anfänglich der Begriff der Konzeption geklärt und die Anforderungen an eine Konzeption

lung der Ziele des Controlling und des Kunden-Controlling. Darauf aufbauend werden die Aufgaben und Instrumente eines Controlling und eines Kunden-Controlling aufgeführt. Danach ist kritisch zu prüfen, inwieweit die Einführung dieses Bereichscontrolling sinnvoll und notwendig ist. Dazu wird die entwickelte Konzeption gegenüber dem Marketing- und Vertriebs-Controlling abgegrenzt. Die Arbeit wird mit einer Schlussbetrachtung beendet.

---

[19] Vgl. HORVÁTH, P. (1996), S. 67; MÜLLER, A. (1996), S. 78.

2 Begriffliche Grundlagen

In diesem Kapitel werden die Grundlagen für die weitere Arbeit gelegt. So wird durch die Definition des Begriffs der Konzeption die Vorgehensweise in dieser Arbeit näher erläutert. Dazu trägt auch die Darstellung von Anforderungen bei, denen die neu entwickelte Konzeption genügen muss. Abschließend wird der Begriff Kunde definiert.

2.1 Erläuterung des Begriffs der Konzeption

Eine Konzeption umfasst mehr als nur die reine Definition des Begriffs und kann allgemein als eine Leitidee oder zugrunde liegende Auffassung bezeichnet werden.[20] In der Literatur finden sich auch Definitionen, die die Konzeption als ein "... System von Aussagen, mit dem die Grundlinien einer Sachverhaltsgestaltung als Mittel zur Erreichung einer bestimmten Zielsetzung formuliert werden",[21] sehen. Diese Erklärungsansätze sind jedoch zu generell, um die Bestandteile einerControlling-Konzeption identifizieren zu können.

Grundsätzlich muss zwischen der funktionalen, instrumentalen und institutionellen Komponente des Controlling unterschieden werden.[22] Insbesondere die Funktion und organisatorische Einordnung des Controlling müssen einzeln betrachtet werden,[23] da mit der Kennzeichnung der Funktion des Controlling nicht automatisch die organisatorische Einordnung fest-

---

[20] Vgl. BROCKHAUS- ENZYKLOPÄDIE (1990), S. 325; FABER, M. (1996), S. 41.

[21] HARBERT, L. (1982), S. 140.

[22] Vgl. KÜPPER, H.-U. U. A. (1990), S. 283; OSSADNIK, W. (1996), S. 18; SCHWEITZER, M./FRIEDL, B. (1992), S. 142.

[23] Vgl. ESCHENBACH, R./NIEDERMAYR, R. (1996B) S. 86; HORVÁTH, P. (1979), S. 29; KÜPPER, H.-U. (1991), S. 246; KÜPPER, H.-U. (1997), S. 6.

gelegt ist. Diese wird nämlich maßgeblich von den Unternehmensgege-
benheiten beeinflusst.[24]

Die funktionale Komponente enthält die Aufgaben, die aus den Zielen abgeleitet wer-den. Diese wiederum wurden zuvor aufgrund der Rahmenbedingungen in der Umwelt gewonnen. Daraus lässt sich die instrumentale
Komponente herleiten.[25] Die Ziele stellen demnach die gewünschte End-
situation dar, die durch Erfüllung der Aufgaben erreicht werden soll, wozu
wiederum Methoden und Techniken als Instrumente eingesetzt werden.
Die institutionelle Komponente befasst sich mit der organisatorischen Einordnung des Controlling in ein Unternehmen.[26] Daher kann man in eine
Konzeption im engeren Sinne, die die Ziele sowie die funktionale und instrumentale Komponente umfasst, und eine Konzeption im weiteren Sinne,
die auch die institutionelle Komponente mit einbezieht, unterscheiden.[27]
Dieser Zusammenhang ist noch einmal in der folgenden Abbildung dargestellt.

---

[24] Vgl. KÜPPER, H.-U. (1997), S. 441.

[25] Vgl. ESCHENBACH, R./ NIEDERMAYR, R. (1996a), S. 51; SCHMIDT, R. (1995), S. 9;
SCHWEITZER, M./FRIEDL, B. (1992), S. 142.

[26] Vgl. REICHMANN, TH. (1997), S. 16.

[27] Eine andere Einordnung treffen PFOHL, H.-C./STÖLZLE, W. (1997), S. 33.

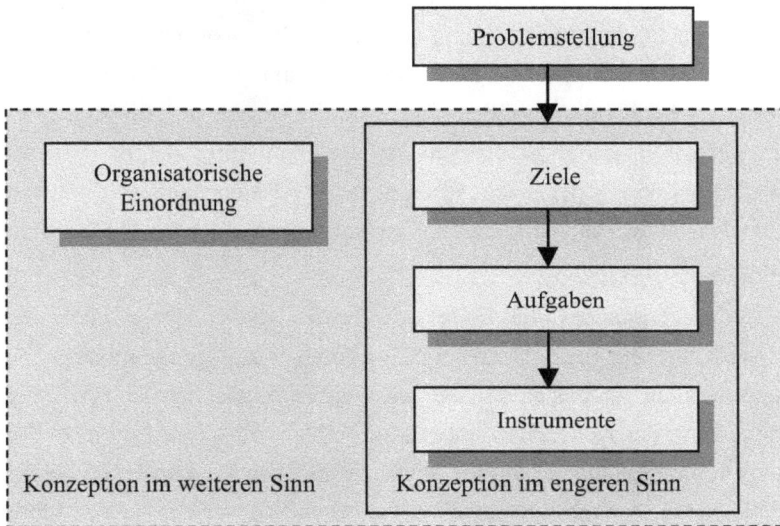

Abb. 1: Begriffsklärung Konzeption

In der Literatur werden beide Ansätze unter dem BegriffControlling-Konzeption diskutiert und führen daher zu einer Vielzahl unterschiedlicher Erklärungsansätze. So beziehen unter anderem HAHN, HORVÁTH, SCHWEITZER/FRIEDL sowie STEINLE/BRUCH die institutionelle Komponente zwingend mit ein.[28] ESCHENBACH/NIEDERMAYR, KÜPPER und MÜLLER dagegen trennen beide Aspekte und definieren dieControlling-Konzeption im engeren Sinn.[29]

Diese Arbeit wird sich im Folgenden nur mit der Konzeption im engeren Sinne befassen. Die organisatorische Einordnung hängt von vielen Kon-

---

[28] Vgl. BAUMGARTNER, B. (1980), S. 114; BRÜHL, R. (1992), S. 18; HORVÁTH, P. (1996), S. 140; HUMMEL, TH. (1995), S. 176; SCHWEITZER, M./FRIEDL, B. (1992), S. 142; STEINLE, C. (1999a), S. 6.

[29] Vgl. ESCHENBACH, R./NIEDERMAYR, R. (1996a), S. 51; KÜPPER, H.-U. (1997), S. 6; MÜLLER, A. (1996), S. 79.

textfaktoren,[30] unter anderem von der Branche und Unternehmensgröße, ab. Diese detaillierte Abstimmung einerControlling-Konzeption ist individuell für jedes Unternehmen durchzuführen, woraus in der Praxis zahlreiche unterschiedlicheControlling-Konzeptionen entstehen.[31] Im Folgenden wird der Ansatz der Konzeption im engeren Sinn verwendet, da er besser auf das Ziel der vorliegenden Arbeit passt. Das Rahmenkonzept, was hier entwickelt wird, kann in späteren Untersuchungen auf spezielle Umweltbedingungen angepasst werden.

Eine Konzeption muss bestimmten Anforderungen genügen, um in der Wissenschaft und Praxis anerkannt zu werden. Als allgemein akzeptierte Voraussetzung für ein eigenständiges Wissenschaftsgebiet ist eine klare Abgrenzung der Konzeption notwendig.[32] Dazu muss eine eigenständige neue Problemstellung existieren, die nicht nur aus verschiedenen bereits existierenden Aufgabengebieten zusammengefasst wurde.[33] Andernfalls wäre die Konzeption nur eine Umbenennung vorhandener Forschungsgebiete und hätte ihre Existenzberechtigung verloren. Weiterhin müssen auch Instrumente existieren, die zur Lösung der Problemstellung geeignet sind.[34] Vor allem muss die gewählte Problemstellung auch praxisrelevant sein, da das Forschungsgebiet sonst nur als Selbstzweck existieren würde. Darüber hinaus muss die Konzeption die Flexibilität besitzen, für Weiterentwicklungen und neue Ideen offen zu sein, da sie sonst zu schnell veralten würde.[35]

---

[30] Zu Kontextfaktoren siehe PFOHL, H.-C./STÖLZLE, W. (1997), S. 32.

[31] Vgl. JÖSTINGMEIER, B. (1994), S. 18.

[32] Vgl. FABER, M. (1996), S. 36; HABERSAM, M. (1997), S. 104; KÜPPER, H.-U. (1991), S. 246.

[33] Vgl. KÜPPER, H.-U. (1997), S. 5.

[34] Vgl. SCHILDBACH, TH. (1992), S. 22.

[35] Vgl. HORVÁTH, P. (1996), S. 85; MÜLLER, A. (1996), S. 96; REICHMANN, TH. (1997), S. 3.

2.2 Erläuterung des Kundenbegriffs

Mit Kunde wird normalerweise der externe Abnehmer der Produkte oder Dienstleistungen eines Unternehmens gemeint.[36] Darüber hinaus gibt es auch den internen Kunden, den Mitarbeiter.[37] So ist in dem Prozess der Produkt- oder Dienstleistungserstellung jeder Mitarbeiter Kunde des vorgelagerten Arbeitsschritts. Von der Befriedigung der Bedürfnisse der Beschäftigten hängt das Unternehmensergebnis maßgeblich ab.[38] Die Orientierung am internen Kunden ist somit ein Mittel zur Durchsetzung der Orientierung am externen Kunden.[39] So können die Mitarbeiter nur dann den Kunden zufrieden stellen, wenn auch sie zufrieden sind.[40] Die Orientierung am internen Kunden wird allerdings in dieser Arbeit nicht weiter behandelt, da basierend auf der eingangs beschriebenen Problemstellung die Orientierung an den externen Kunden im Mittelpunkt steht.

Weiterhin kann man den Kunden als den tatsächlichen Käufer einer Unternehmensleistung sehen[41] oder als den potentiellen Käufer des Produkts oder der Dienstleistung.[42] In dieser Arbeit wird der Kunde als der potentielle und tatsächliche Käufer einer Leistung gesehen. Die tatsächlichen Kunden sind wichtig, da durch ihre Kaufakte das Unternehmen finanziert wird. Die potentiellen Kunden sind von Bedeutung, da eine Gewinnung dieser Kunden die finanziellen Quellen des Unternehmens in der Zukunft erweitern kann. Daher ist es im Rahmen der Problemstellung dieser Arbeit nicht sinnvoll, sich nur auf eine Kategorie zu beschränken. Diese Abgren-

---

[36] Vgl. KLINGEBIEL, N. (1998), S. 311; WAGNER, P. (1997), S. 11.

[37] Vgl. NAGEL, K. (1995), S. 44; DUTKA, A. F. (1993), S. 21f.

[38] Vgl. MEFFERT, H. (1998), S. 1030.

[39] Vgl. ADENAUER, S. u. a. (1999), S. 20; HOMBURG, CH. u. a. (1998), S. 23.

[40] Vgl. CRAM, T. (1994), S. 61.

[41] Vgl. NIESCHLAG, R. u. a. (1997), S. 40.

[42] Vgl. GÜNDLING, CH. (1996), S. 33.

zung bezieht sich dabei sowohl auf den Verbraucher als auch auf Organisationen, wie Unternehmen und Vereine.[43]

---

[43] Vgl. HAMANN, A. (1995), S. 66; SHETH, J. N. u. a. (1999), S. 5.

3 Entwicklung einer Konzeption von Kunden-Controlling

In diesem Kapitel wird die Konzeption des Kunden-Controlling entwik-
kelt. Dazu werden aufbauend auf der Problemstellung, die eingangs beschrieben wurde, die Ziele erarbeitet. Davon abgeleitet werden die Aufgaben und Instrumente eines Kunden-Controlling. Als Grundlage werden dazu jeweils vorher die Ziele, Aufgaben und Instrumente des übergeordneten
Controlling genannt.

3.1 Ziele des Kunden-Controlling

Zuerst werden die Ziele der allgemeinenControlling-Konzeption dargestellt, die sich aus den in der Einleitung beschriebenen Entwicklungen ab-
leiten lassen. Auf dieser Grundlage und basierend auf dem geforderten
ganzheitlichen Ansatz zur wirtschaftlich sinnvollen Kundenorientierung
werden die Ziele des Kunden-Controlling erarbeitet.

3.1.1 Generelle Controlling-Ziele

Es lassen sich grundsätzlich direkte und indirekte Ziele unterscheiden.[44]
Von den direkten Zielen könnenControlling-Aufgaben abgeleitet werden,
die zur Abgrenzung der Konzeption dienen. Die indirekten Ziele geben die
Richtung vor, die bei Erfüllung der direkten Ziele eingehalten werden
muss. Dadurch konkretisieren die indirekten Ziele die direkten Ziele.[45]

Basis für die Ableitung von Controllingzielen sind nicht nur die bereits beschriebenen Rahmenbedingungen, sondern auch die Unternehmensziele.[46]
Das oberste Ziel eines Unternehmens muss die Erwirtschaftung ausrei-

---

[44] Vgl. ESCHENBACH, R./ NIEDERMAYR, R. (1996a), S. 51.

[45] Vgl. SCHWEITZER, M./FRIEDL, B. (1992), S. 143.

[46] Vgl. BRÜHL, R. (1992), S. 25; STEINLE, C. (1999b), S. 20.

chender liquider Mittel sein, da nur so sein Überleben gesichert ist.[47] Dazu muss das Unternehmen seine Reaktions-, Antizipations-, Anpassungs- und Koordinationsfähigkeit behalten. Direkte Ziele des Controlling sind deshalb Beiträge zum Erhalt dieser Fähigkeiten. Es handelt sich nur um Teilleistungen, da es das Ziel des ganzen Unternehmens sein muss, diese Fähigkeiten zu gewährleisten und da das Controlling nur ein Teil des Unternehmens ist. Zur Koordination der verschiedenen Teilbereiche eines Unternehmens werden Informationen gebraucht, um z. B. die Pläne aufeinander abzustimmen. Auch für die Reaktion und Anpassung an Umweltveränderungen sind Informationen über diese Veränderungen notwendig.[48] Letztendlich braucht man auch zum Prognostizieren bzw. Antizipieren von Entwicklungen Informationen, um z. B. Trends beurteilen zu können.[49] Daher wird es als Ziel des Controlling angesehen, die Informationsversorgung sicherzustellen.[50]

Weiterhin wird die Sicherung der Koordination schwerpunktmäßig als Ziel in der Literatur genannt.[51] Dieses Ziel ist ein direktesControlling-Ziel und wird im folgenden Kapitel näher eingegrenzt.

Als indirekte Ziele könnten das Gewinn- oder Erfolgsziel angesehen werden.[52] Dieses Ziel der Wertsteigerung eines Unternehmens ist insbesondere auf die Eigentümer als Interessengruppe einer Unternehmung ausgerichtet. Es wird allerdings gefordert, dass die Interessen aller Koalitionspartner einer Unternehmung berücksichtigt werden.[53] Aufgrund dessen würde das Zielsystem des Unternehmens nicht nur aus ökonomischen, sondern auch

---

[47] Vgl. RAPPAPORT, A. (1999), S. 8.

[48] Vgl. OSSADNIK, W. (1996), S. 32.

[49] Vgl. SCHWEITZER, M./FRIEDL, B. (1992), S. 149.

[50] Vgl. ESCHENBACH, R./ NIEDERMAYR, R. (1996a), S. 55; SCHWEITZER, M./FRIEDL, B. (1992), S. 144 und 149; WELGE, M. K. (1988), S. 26.

[51] Vgl. MÜLLER, A. (1996), S. 85.

[52] Vgl. HAHN, D. (1996), S. 182; MÜLLER, A. (1996), S. 85; PFOHL, H.-C./STÖLZLE, W. (1997), S. 31; RICHTER, H. J. (1987), S. 39.

[53] Vgl. WAGNER, H. (1998), S. 100.

aus technologischen, sozialen und ökologischen Zielen bestehen.[54] Allerdings werden die Interessen aller Anspruchsgruppen durch Orientierung auf das Ertragsziel der Steigerung des Unternehmenswertes berücksichtigt. So garantiert beispielsweise ein hoher Unternehmenswert die Sicherheit der Arbeitsplätze, was im Interesse der Mitarbeiter ist.[55] Weiterhin werden auch die Interessen der Kunden berücksichtigt, da sie die Quelle langfristiger liquider Mittel sind.[56] Zusammenfassend kann also gesagt werden, dass bei der Sicherstellung der Informationsversorgung und der Koordinationsfähigkeit auf die Erreichung des gesamten Zielsystems geachtet werden sollte.[57] Dabei sind jedoch die Ertragsziele verstärkt zu berücksichtigen.

Als ein weiteres Ziel wird in der Literatur die Sicherstellung der Rationalität der Entscheidungsfindung genannt, die teilweise sogar als allumfassende Zielstellung des Controlling gesehen wird.[58] Damit ist die Zweckrationalität einer Handlung gemeint, d. h., inwieweit die Mittel effizient und effektiv eingesetzt werden.[59] Diese Zielstellung kann ebenfalls als indirektes Ziel gesehen werden, da es die direkten Ziele der Sicherstellung der Informationsversorgung und Koordinationsfähigkeit komplementiert, um eine objektive und rationale Entscheidungsfindung sicherzustellen.[60] Dies geschieht, indem bei der Informationsversorgung und Koordination auf eine möglichst rationale Entscheidungsfindung geachtet wird.

---

[54] Vgl. BAUM, H.-G. u. a. (1999), S. 5; MÜLLER, A. (1996), S. 85f; PFOHL, H.-C./STÖLZLE, W. (1997), S. 30f.

[55] Vgl. PAPE, U. (1997), S. 43

[56] Vgl. RAPPAPORT, A. (1999), S. 9

[57] Vgl. KÜPPER, H.-U. (1997), S. 18; RICHTER, H. J. (1987), S. 39.

[58] Vgl. HARBERT, L. (1982), S. 237; SCHMIDT, A. (1996), S. 61; SCHMIDT, R. (1995), S. 15; WEBER, J. (1998), S. 33; WEBER, J./SCHÄFER, U. (1999), S. 731.

[59] Vgl. WEBER, J./SCHÄFER, U. (1999), S. 734.

[60] Vgl. SCHMIDT, A. (1996), S. 61f.

Weiterhin findet sich bei der Literaturanalyse das Ziel der Entlastung bzw. Unterstützung der Unternehmensführung.[61] Dieses Ziel ist jedoch sehr allgemein formuliert und soll vielmehr als Charakteristikum des Controlling angesehen werden.[62] Grund dafür ist, dass bei Erfüllung der bisher erwähnten Zielstellungen die Unternehmensführung automatisch entlastet bzw. unterstützt wird. Man könnte auch argumentieren, dass die bisher erwähntenControlling-Ziele nur der Erfüllung eines übergeordneten Entlastungsziels dienen. Dann wäre allerdings fraglich, warum man dieControlling-Ziele wie geschehen eingrenzt, da keine ersichtlichen Kriterien für diese Eingrenzung vorhanden sind. Würde diese Eingrenzung wiederum nicht vorgenommen werden, so wäre das Controlling zu umfassend und eine reine Dienstleistung der Unternehmensführung. Mit dieser Charakterisierung ist allerdings auch schon implizit die Annahme verbunden, dass Controlling institutionell verselbständigt wird. Es ist jedoch nicht unbedingt erforderlich, dass andere als Führungspersonen die Tätigkeit des Controlling übernehmen, wenn der Aufgabenumfang nicht groß genug ist.[63]

Zusammengefasst kann man das Ziel des Controlling in der Sicherstellung der Koordination und Informationsversorgung zur Erreichung des Unternehmenszielsystems und der Sicherstellung der Rationalität der Entscheidungsfindung sehen. Dieser Zusammenhang ist in der folgenden Grafik dargestellt.

---

[61] Vgl. HARBERT, L. (1982), S. 234; MÜLLER, A. (1996), S. 85 und 92; RICHTER, H. J. (1987), S. 93; SCHMIDT, R. (1995), S. 15.

[62] Vgl. STEINLE, C. (1999C), S. 279; WELGE, M. K. (1988), S. 31.

[63] Vgl. CHWOLKA, A. (1996), S. 15; KÜPPER, H.-U. (1997), S. 19.

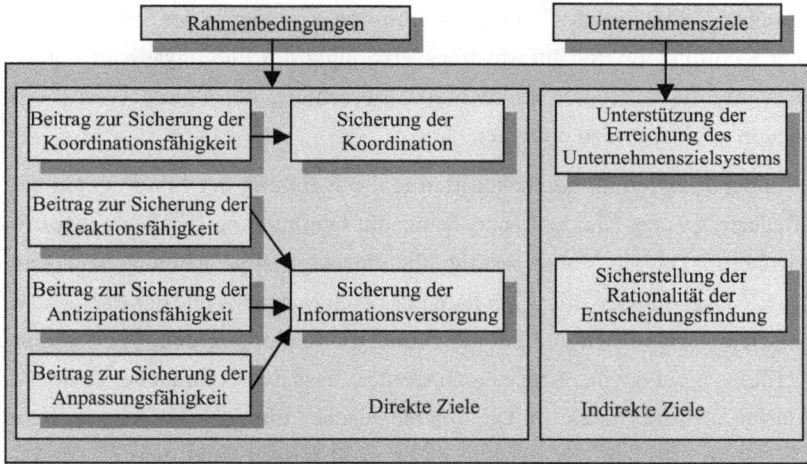

Abb. 2: Controlling-Ziele

3.1.2 Ziele eines Kunden-Controlling

Für die Sicherung der Wettbewerbsfähigkeit eines Unternehmens gibt es viele Erfolgsfaktoren. Wie die Beschreibung der Problemstellung eines Kunden-Controlling unter Punkt 1.1 gezeigt hat, ist die Ausrichtung der Aktivitäten des Unternehmens auf den Kunden einer davon.[64] Damit wird Kundenorientierung zu einem Teil des Unternehmenszielsystems, wie bereits dargestellt wurde. Dieses Ziel ist aber den Ertragszielen untergeordnet und hat damit als Voraussetzung, dass das Unternehmen durch seine Aktivitäten ausreichende finanzielle Ressourcen zum Überleben erwirtschaftet. Daher muss bei der Erreichung des Ziels der Kundenorientierung auch auf die Einhaltung des Wirtschaftlichkeitsprinzips geachtet werden.[65] Allerdings wird die finanzielle Komponente auch als Notwendigkeit zum Überleben und nicht als Ziel des Unternehmens gesehen. Statt dessen wird die Zufriedenstellung der Kunden als der Grund der Unternehmensexistenz

---

[64] Vgl. ADENAUER, S. u. a. (1999), S. 15; DUTKA, A. F. (1993), S. 7.

[65] Vgl. PLINKE, W. (1996), S. 99.

gesehen.[66] Das Ziel des Kunden-Controlling wird hier in der Sicherstellung der Koordination und Informationsversorgung des Führungssystems gesehen, um die wirtschaftlich sinnvolle Ausrichtung der Unternehmenstätigkeiten am Kunden zu erreichen.

Kundenorientierung beinhaltet hierbei die Erfüllung der Erwartungen und Bedürfnisse der Kunden[67] und damit die Optimierung der Kundenzufriedenheit.[68] Das ist Voraussetzung für die langfristige Bindung von Kunden.[69] Dazu müssen alle Aktivitäten des Unternehmens aus der Perspektive des Kunden gesehen und auf den Kunden orientiert werden.[70] Es kann allerdings nicht davon ausgegangen werden, dass der Verbraucher seine Bedürfnisse immer kennt. Im Fall von technischen Innovationen kann er seine Wünsche oft nicht einschätzen, da er nicht wissen kann, was in der Zukunft möglich ist.[71] Dabei ist weiterhin zu beachten, dass Kundenorientierung für verschiedene Reifegrade von Märkten unterschiedlich ist. So ist die Strategie zur Kundenorientierung in undifferenzierten Massenmärkten anders als in Nischenmärkten.[72] Generell ist Kundenorientierung für alle Unternehmen wichtig, da ihre Existenz von dem Absatz ihrer Leistungen am Markt abhängt.[73]

Bei Erreichung der Ziele des Kunden-Controlling ist auch auf die Sicherstellung der Rationalität der Entscheidungsfindung zu achten, um die Effektivität und Effizienz der Aktivitäten sicherzustellen.

---

[66] Vgl. SHETH, J. N. u. a. (1999), S. 11.

[67] Vgl. BRUHN, M. (1999a), S. 7.

[68] Vgl. ERLBECK, K. (1999), S. 15; POCSAY, A. (1996), S. 68.

[69] Vgl. ERLBECK, K. (1999), S. 22.

[70] Vgl. SCHNAARS, ST. P. (1991), S. 301.

[71] Vgl. BECKER, R. (1997), S. 37.

[72] Vgl. BECKER, J. (1994a), S. 516ff.

[73] Vgl. BEA, F. X./SCHEURER, ST. (1997), S. 1.

Eine Grenze der Umsetzung von Kundenorientierung bilden außer der wirtschaftlichen Komponente die Fähigkeiten eines Unternehmens.[74] So muss ein Unternehmen auch Kunden ablehnen, wenn es nicht in der Lage ist, deren Bedürfnisse zu befriedigen. Es darf sich den Kundenwünschen nicht total unterwerfen, da sonst seine eigene Identität verloren geht und die Gefahr besteht, unwirtschaftlich zu arbeiten.

3.2 Aufgaben des Kunden-Controlling

Im Folgenden werden zuerst die Koordinationsfunktion des Controlling und des Kunden-Controlling näher erläutert, bevor näher auf die Aufgaben in den jeweiligen Führungsteilsystemen eingegangen wird.

3.2.1 Erläuterung der Koordinationsfunktion

Zuerst wird die Koordinationsfunktion des Controlling, die sich aus dem Ziel der Sicherstellung der Koordination im Unternehmen ableitet, näher erläutert. Danach wird auf die Koordinationsaufgabe des Kunden-Controlling eingegangen.

3.2.1.1 Koordinationsfunktion des übergeordneten Controlling

In der Literatur wird die Koordinationsfunktion des Controlling allgemein anerkannt,[75] allerdings ist die konkrete Ausgestaltung strittig, wie im folgenden Absatz dargestellt wird. Dies trifft jedoch nicht auf die Einschränkung derControlling-Aufgabe auf die Sekundärkoordination zu.[76] Dabei bedeutet Sekundärkoordination die Koordination im Führungssystem.[77] Begründet wird diese Einschränkung damit, dass die Primärkoordination,

---

[74] Vgl. BICKMANN, R./SCHAD, M. (1998), S. 178.

[75] Vgl. BECK, G. (1998), S. 21; HORVÁTH, P. (1996), S. 67; MÜLLER, A. (1996), S. 96; NEUMANN-SZYSZKA, J. (1994), S. 29; PFOHL, H.-C./STÖLZLE, W. (1997), S. 34; WEBER, J./SCHÄFER, U. (1999), S. 732.

[76] Vgl. KÜPPER, H.-U. u. a. (1990), S. 283; MÜLLER, A. (1996), S. 101.

[77] Vgl. ESCHENBACH, R./ NIEDERMAYR, R. (1996A), S. 60; HABERSAM, M. (1997), S. 117; OSSADNIK, W. (1996), S. 18; SCHMIDT, A. (1996), S. 56.

also die Koordination des Leistungssystems, kein eigenständiges Forschungsgebiet für das Controlling darstellt, da sie originäre Aufgabe der
Unternehmensführung ist.[78] Aufgrund dieser Aufgabe wird Controlling zu
einem Teil des Führungssystems.[79]

HORVÁTH schränkt die Sekundärkoordination auf die Koordination zwischen Planungs-, Kontroll- und Informationssystem ein, während KÜPPER
und WEBER die Koordination auf das gesamte Führungssystem beziehen.[80]
HORVÁTH begründet seine Einschränkung mit dem Argument, dass ansonsten die Problemstellung des Controlling zu weit gefasst ist und es so als
allwissend und allkönnend dargestellt wird.[81] KÜPPER dagegen verteidigt
die weite Fassung der Koordinationsaufgabe mit der Aufdeckung neuer
Problemlösungspotentiale und Aufgabenstellungen.[82] In dieser Arbeit wird
im folgenden der Ansatz von KÜPPER verwendet, da dieser sehr flexibel ist
und besser dem Ziel dieser Arbeit entspricht.

Es existieren verschiedene Differenzierungsmöglichkeiten von Koordination. Erstens ist eine Differenzierung in systembildende und systemkoppelnde Koordination möglich.[83] Systembildende Koordination beschreibt
den Aufbau und die Gestaltung der Führungssysteme, um sie an zukünftige
Entwicklungen anzupassen.[84] Die systemkoppelnde Koordination beinhaltet die optimale Abstimmung von bereits bestehenden Systemstruk-

---

[78] Vgl. HABERSAM, M. (1997), S. 115.

[79] Vgl. ESCHENBACH, R./ NIEDERMAYR, R. (1996a), S. 60; STAHL, H.-W. (1992), S. 26;
WEBER, J. (1998), S. 25.

[80] Vgl. HORVÁTH, P. (1996), S. 139; KÜPPER, H.-U. (1997), S. 15f; WEBER, J. (1998),
S. 28.

[81] Vgl. HORVÁTH, P. (1996), S. 143.

[82] Vgl. KÜPPER, H.-U. (1997), S. 16.

[83] Vgl. HORVÁTH, P. (1996), S. 117; KARLOWITSCH, M. (1997), S. 10; WEBER, J.
(1990), S. 23.

[84] Vgl. ESCHENBACH, R./NIEDERMAYR, R. (1996b), S. 72f.; HORVÁTH, P. (1996),
S. 117; KARLOWITSCH, M. (1997), S. 10; MÜLLER, A. (1996), S. 105; OSSADNIK, W.
(1996), S. 19.

turen.[85] Weiterhin ist eine Differenzierung in Koordination zwischen und innerhalb von Führungsteilsystemen möglich.[86]

In den Führungsteilsystemen lässt sich die Koordinationsfunktion noch detaillierter darstellen. Diese Führungsteilsysteme sind das Planungs-, Kontroll-, Informations-, Organisations- und Personalführungssystem, wie die folgende Abbildung zeigt.[87]

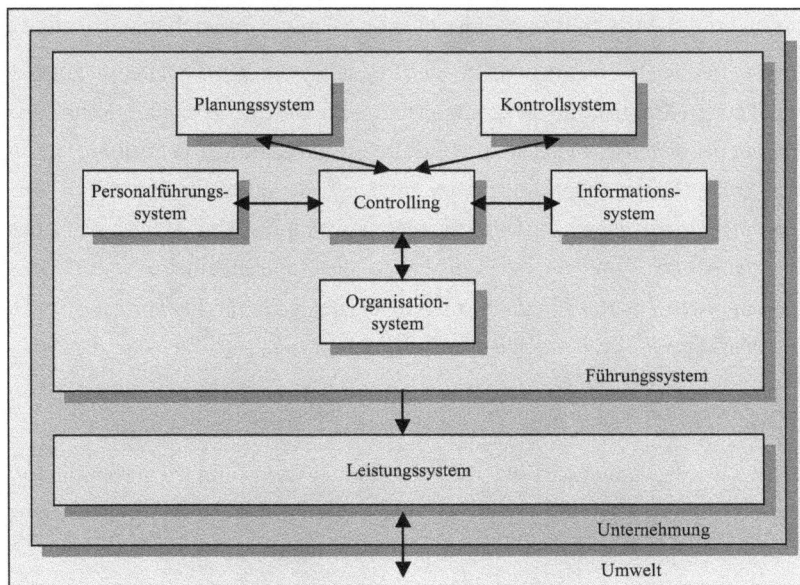

Abb. 3: Das System Unternehmung (in Anlehnung an KÜPPER, H.-U. (1997), S. 15)

---

[85] Vgl. ESCHENBACH, R./NIEDERMAYR, R. (1996b), S. 78; HORVÁTH, P. (1996), S. 118; KARLOWITSCH, M. (1997), S.10f.; MÜLLER, A. (1996), S. 106; OSSADNIK, W. (1996), S. 19; WEBER, J. (1990), S. 23.

[86] Vgl. KÜPPER, H.-U. (1997), S. 20; OSSADNIK, W. (1996), S. 25 und 29; PFOHL, H.-C./STÖLZLE, W. (1997), S. 48f.

[87] Vgl. ESCHENBACH, R./ NIEDERMAYR, R. (1996a), S. 61; KÜPPER, H.-U. (1997), S. 15; SCHIERENBECK, H. (1999), S. 99.

3.2.1.2 Koordinationsfunktion des Kunden-Controlling

Die Aufgabenstellung des Controlling ist in eingeschränkter Form auch auf das Kunden-Controlling übertragbar,[88] da Kunden-Controlling ein Teilgebiet des übergeordneten Controlling ist. Damit muss das Kunden-Controlling auch die Koordination und Informationsversorgung im gesamten Führungssystem des Unternehmens wahrnehmen. Jedoch ist dies auf alle Sachverhalte zu begrenzen, die die Umsetzung der Kundenorientierung unter wirtschaftlichen Gesichtspunkten im Unternehmen betreffen.

Die Koordinationsaufgabe lässt sich noch weiter differenzieren. Erstens hat Kunden-Controlling seine speziellen Aufgaben im gesamten Führungssystem zu erfüllen. Dann muss es diese Aktivitäten mit dem übergreifenden Unternehmens-Controlling abstimmen,[89] da es ja nur einen Teil der Controlling-Aufgaben im Unternehmen wahrnimmt. Und zuletzt muss das Kunden-Controlling als ein Teilbereich des Führungsinstrumentes Controlling auch seine Tätigkeiten mit denen der anderen Teilbereiche, z. B. des Marketing- oder Personal-Controlling koordinieren.[90]

3.2.2 Darstellung der Aufgaben im Planungssystem

Zuerst werden allgemein die Aufgaben eines Controlling im Planungssystem erläutert. Darauffolgend werden detaillierter die Aufgaben eines Kunden-Controlling im Pla-nungssystem erarbeitet.

3.2.2.1 Erläuterung der Aufgaben des Controlling im Planungssystem

„Unter Planung ist die gedankliche Vorwegnahme zukünftigen Handelns durch Abwägen verschiedener Handlungsalternativen und die Entscheidung für den günstigsten Weg zur Zielerreichung zu verstehen."[91]

---

[88] Vgl. KÜPPER, H.-U. (1997), S. 370.

[89] Vgl. KÜPPER, H.-U. (1997), S. 369.

[90] Vgl. ZENZ, A. (1999), S. 122.

[91] PEEMÖLLER, V. H. (1997), S. 34.

Dieses Instrument der Unternehmensführung trägt dazu bei, die Tätigkeiten der Unternehmung auf das Zielsystem auszurichten. Gleichzeitig wird die Fähigkeit zur Anpassung an die Umweltveränderungen sichergestellt,[92] da bei der Planung nicht nur die zukünftigen Aktivitäten der einzelnen Teilbereiche mit den Unternehmenszielen, sondern auch die Unternehmensziele mit den veränderten Umweltbedingungen abgestimmt werden. Dies beinhaltet auch die Sicherstellung der Antizipationsfähigkeit, da bei der Zielfindung und Alternativensuche Entwicklungen in der Umwelt berücksichtigt werden.[93] Damit trägt das Controlling durch die Koordination innerhalb des Planungs- und auch des gesamten Führungssystems zur Erreichung dieser Ziele bei. Zur Sicherung der Rationalität der Entscheidungsfindung wird beigetragen, indem der Planungsvorgang strukturiert und formalisiert wird.[94]

Nach KÜPPER lässt sich die Koordination innerhalb des Planungssystems nach Planzielen, Planungsträgern, Planungsprozessen sowie Planungsgegenständen und –ebenen gliedern.[95]

Für die Koordination der Planziele ist es wichtig, die notwendigen Informationen über Veränderungen in der Umwelt und die Ergebnisse des Vorjahres zu erhalten. Hierbei wird die Notwendigkeit einer Koordination von Planungssystem mit Informations- und Kontrollsystem ersichtlich. Wie bereits erwähnt, besitzt ein Unternehmen normalerweise ein System aus verschiedenen Zielen, zwischen denen komplementäre, konkurrierende oder indifferente Beziehungen bestehen können.[96] Nachdem die Ziele für die einzelnen Pläne gebildet wurden, ist es Aufgabe des Controlling, die Ziel-

---

[92] Vgl. HORVÁTH, P. (1996), S. 160.

[93] Vgl. BAUMGARTNER, B. (1980), S. 79f.

[94] Vgl. HORVÁTH, P. (1996), S. 163.

[95] Vgl. KÜPPER, H.-U. (1997), S. 66; KÜPPER, H.-U. (1999), S. 186.

[96] Vgl. KÜPPER, H.-U. (1997), S. 68; KÜPPER, H.-U. (1999), S. 187; ZIEGENBEIN, K. (1998), S. 28.

beziehungen zu analysieren und eventuelle Konflikte zu lösen.[97] Dadurch wird es möglich, ein Zielsystem zu entwickeln.[98]

Die Koordination der Planungsträger beinhaltet den aufbauorganisatorischen Aspekt. Die zentrale Frage ist, wer welche Aufgaben und Verantwortungen innerhalb der Planung zu übernehmen hat.[99] Hierbei wird ersichtlich, dass das Planungssystem auch mit dem Organisationssystem einer Unternehmung zu koordinieren ist.[100]

Dies wird auch bei der Koordination von Planungsprozessen ersichtlich, da es hier um die ablauforganisatorischen Aspekte geht. Dabei kann wiederum in die Koordination von Planungsphasen und Planungshandlungen unterschieden werden. Der Planungsprozess, der in Abbildung 4 dargestellt ist, setzt sich aus den Phasen Zielbildung, Problemfeststellung und –analyse, Alternativensuche, Prognose, Alternativenbewertung und dem Entscheidungsakt zusammen. Dieser Prozess muss nicht sequentiell verlaufen, sondern es ist jederzeit möglich, zu der vorangegangenen Phase zurückzukehren.[101] Planungshandlungen sind Informationsverarbeitungsprozesse, die in diesen Phasen vollzogen werden. Die Aufgabe des Controlling besteht allgemein darin, diesen Prozess sachlich und zeitlich abzustimmen.[102] Weiterhin sind ablauforganisatorische Regeln zu schaffen, d. h. ein Planrahmen sowie Prinzipien für die zeitliche Abstimmung der Planung sind aufzustellen.[103] Dies beinhaltet unter anderem die Klassifizierung der Teilplanungen und der nötigen Unterlagen, die Vorgabe eines Rasters von Zuständigkeiten und Prozessen, die Regelung der Interdependenzen zwischen den Teilplanungen sowie die Festlegung der Art sowie des Umfangs der

---

[97] Vgl. KÜPPER, H.-U. (1999), S. 187f.

[98] Vgl. KÜPPER, H.-U. (1997), S. 22.

[99] Vgl. BOTSCHATZKE, W. (1995), S. 102; HORVÁTH, P. (1996), S. 206.

[100] Vgl. KÜPPER, H.-U. (1997), S. 66.

[101] Vgl. HANS, L./WARSCHBURGER, V. (1999), S. 10; KÜPPER, H.-U. (1997), S. 60.

[102] Vgl. HANS, L./WARSCHBURGER, V. (1996), S. 540; KLENGER, F. (1997), S. 38.

[103] Vgl. PREISSLER, P. R. (1996), S. 79.

Dokumentation der Planungsprozesse, Planungsergebnisse und Abweichungsanalysen.[104]

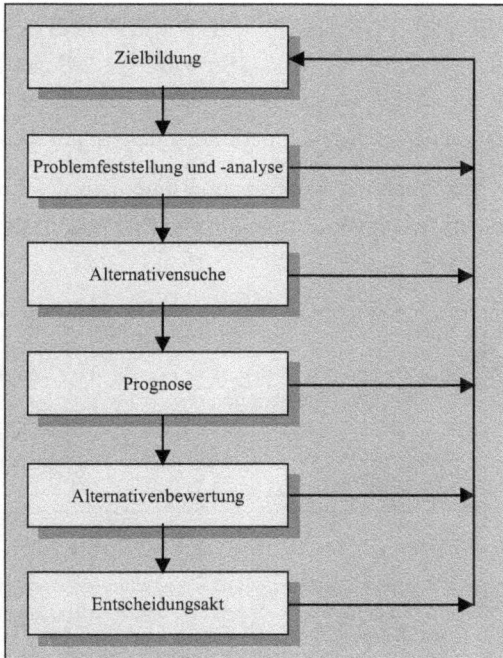

Abb. 4: Der Planungsprozess

Das Ergebnis einer koordinierten Planung ist ein System aus Teilplänen, die zu einem Gesamtplan zusammengefasst werden können.[105] Dabei können diese Teilpläne vor allem nach Planungsgegenständen und –ebenen differenziert werden. Bei der Differenzierung nach dem Planungsgegenstand wird ein Gesamtplan z. B. nach Problemkategorien, Funktionen, Divisionen, geographischen Einheiten oder Projekten zerlegt.[106] Nach Pla-

---

[104] Vgl. KÜPPER, H.-U. (1999), S. 191.

[105] Vgl. KÜPPER, H.-U. (1999), S. 186.

[106] Vgl. HORVÁTH, P. (1996), S. 192.

nungsstufen oder -ebenen können strategische, taktische und operative Pläne unterschieden werden.[107] Die Aufgabe des Controlling besteht darin, dieses System von Teilplänen zeitlich und sachlich aufeinander abzustimmen.[108] Dazu müssen die Pläne nach einheitlichen Richtlinien erstellt, aggregiert und verknüpft werden.[109] Des Weiteren ist es Aufgabe des Controlling, die Pläne auf Vollständigkeit und Plausibilität zu überprüfen,[110] wodurch die rationale Entscheidungsfindung unterstützt werden soll.

Die Aufgaben bezüglich der Koordination innerhalb des Planungssystems sind noch einmal zusammenfassend in der folgenden Abbildung dargestellt.

Koordination des Planungs-systems	**Planungsziele** Analyse der Zielbeziehungen, Lösung von Zielkonflikten, Aufbau eines Zielsystems
	Planungsträger Zuordnung von Aufgaben und Verantwortlichkeiten
	Planungsprozesse Schaffung eines Planrahmens, Bestimmung von Prinzipien für die zeitliche Abstimmung der Planung, sachliche und zeitliche Abstimmung des Planungsprozesses
	Planungsgegenstände, -ebenen Erstellung der Teilpläne nach einheitlichen Kriterien, Verdichtung der Teilpläne zu einem Gesamtplan, sachliche und zeitliche Abstimmung der Teilpläne unter sich und mit dem Gesamtplan, Verknüpfung der Teilpläne unter sich Überprüfung der Pläne auf Vollständigkeit und Plausibilität

Abb. 5: Die Controlling-Aufgaben im Planungssystem

---

[107] Vgl. KÜPPER, H.-U. (1997), S. 64.

[108] Vgl. HORVÁTH, P. (1996), S. 190; KÜPPER, H.-U. (1997), S. 22; OSSADNIK, W. (1996), S. 30.

[109] Vgl. HORVÁTH, P. (1996), S. 190; OSSADNIK, W. (1996), S. 30; PREISSLER, P. R. (1996), S. 84.

[110] Vgl. ZIEGENBEIN, K. (1998), S. 25.

3.2.2.2 Erarbeitung der Aufgaben des Kunden-Controlling im Planungs system

Bei der Erstellung des Zielsystems der Unternehmung ist es Aufgabe des Kunden-Controlling, das Ziel der Kundenorientierung unter Berücksichtigung wirtschaftlicher Gesichtspunkte entsprechend einzuordnen. Dabei sollte diese Zielsetzung nicht dominieren. Vielmehr muss auch auf die Interessen der anderen Stakeholder, insbesondere der der Anteilseigner, Rücksicht genommen werden.[111]

Bei der Erstellung der Unternehmenspläne ist weiterhin darauf zu achten, dass für jede Abteilung und womöglich für jeden Mitarbeiter Ziele gesetzt werden, die der Umsetzung der Kundenorientierung dienen. Dabei muss überprüft werden, ob die formulierten Ziele dem sinnvollen Einsatz aller Ressourcen dienen. Diese Ziele sollten möglichst operational formuliert sein und nicht aus Floskeln bestehen.[112] Vielmehr müssen den Beschäftigten Richtlinien für den Alltag vorgegeben werden, die leicht verständlich, realistisch und umsetzbar sind.

Während des Planungsprozesses werden auch die Aktivitäten für die nächste Periode festgelegt, die der Umsetzung der Kundenorientierung im Unternehmen dienen sollen. Dies können z. B. neue Marketingstrategien oder ein neues Liefersystem sein. Dabei muss darauf geachtet werden, dass all diese Aktivitäten zielführend sind und sich nicht gegenseitig behindern, um so eine Verschwendung von Ressourcen zu vermeiden. Diese Prüffunktion muss vom Kunden-Controlling übernommen werden und soll dazu führen, dass alle Einzellösungen zu einem geschlossenen und abgestimmten Gesamtsystem zusammengefasst werden.[113]

---

[111] Vgl. dazu Punkte 3.1.1 und 3.1.2.

[112] Vgl. HORVÁTH, P./KAUFMANN, L. (1998), S. 40; MASSNICK, F. (1997), S. 114.

[113] Vgl. BRUHN, M. (1999A), S. 13.

3.2.3 Darstellung der Aufgaben im Kontrollsystem

Im Folgenden werden die Aufgaben eines Controlling im Kontrollsystem dargestellt. Darauf aufbauend werden die Aufgaben des Kunden-Controlling in diesem Führungsteilsystem erarbeitet.

3.2.3.1 Erläuterung der Aufgaben des Controlling im Kontrollsystem

Sehr weit gefasst, bedeutet Kontrolle den Vergleich von zwei Größen, aufgrund dessen eine Größe beurteilt werden soll. Darauffolgend sollen die Abweichungsursachen festgestellt und Korrekturmaßnahmen eingeleitet werden.[114] Dabei sind diese Größen nach ihrem Zeitbezug in Soll-, Ist- und Wird- Größen einteilbar.[115] Enger gefasst wird Kontrolle jedoch auch nur als Soll-Ist-Vergleich definiert.[116] Diese Definition führt zu einer sehr engen Verknüpfung mit dem Planungssystem.[117] Teilweise wird sogar gesagt, dass Kontrolle ohne Planung und Planung ohne Kontrolle sinnlos sind.[118] Das hat zur Folge, dass die Rolle des Kontrollsystems in der Literatur weitgehend vernachlässigt wird.[119]

Kontrolle ist wie Planung ein Prozess, bei dem Informationen verarbeitet werden und Wissen generiert wird.[120] Durch diese Beschreibung wird die enge Verbindung mit dem Informationssystem ersichtlich. In diesem Prozess muss zuerst ein Kontrollproblem aufgedeckt werden, das den Anstoß zur Kontrolle eines bestimmten Objektes gibt. Danach werden die Kon-

---

[114] Vgl. HAHN, D. (1996), S. 48; KÜPPER, H.-U. (1997), S. 165; PFOHL, H.-C./STÖLZLE, W. (1997), S. 12.

[115] Vgl. DELLMANN, K. (1992), S. 137; HAHN, D. (1996), S. 47.

[116] Vgl. HABERSAM, M. (1997), S. 127; HORVÁTH, P. (1996), S. 164; PEEMÖLLER, V. H. (1997), S. 138; SCHMIDT, R. (1995), S. 71.

[117] Vgl. HABERSAM, M. (1997), S. 126; HANS, L./WARSCHBURGER, V. (1999), S. 25; HORVÁTH, P. (1996), S. 163; PEEMÖLLER, V. H. (1997), S. 36; SCHIERENBECK, H. (1999), S. 112.

[118] Vgl. PFOHL, H.-C./STÖLZLE, W. (1997), S. 12; STEINLE, C. (1999C), S. 282.

[119] Vgl. HORVÁTH, P. (1996), S. 164.

[120] Vgl. WEBER, J. (1998), S. 140.

trollmethode und der Kontrollträger festgelegt. Anschließend wird der Vergleich durchgeführt und die Abweichungen werden beurteilt. Abschließend sollen Anpassungs- bzw. Korrekturmaßnahmen entwickelt werden.[121] Es ist jedoch teilweise strittig, inwieweit die eben beschriebenen Phasen des Kontrollprozesses, der in der folgenden Abbildung dargestellt ist, noch Kontrolle sind.[122]

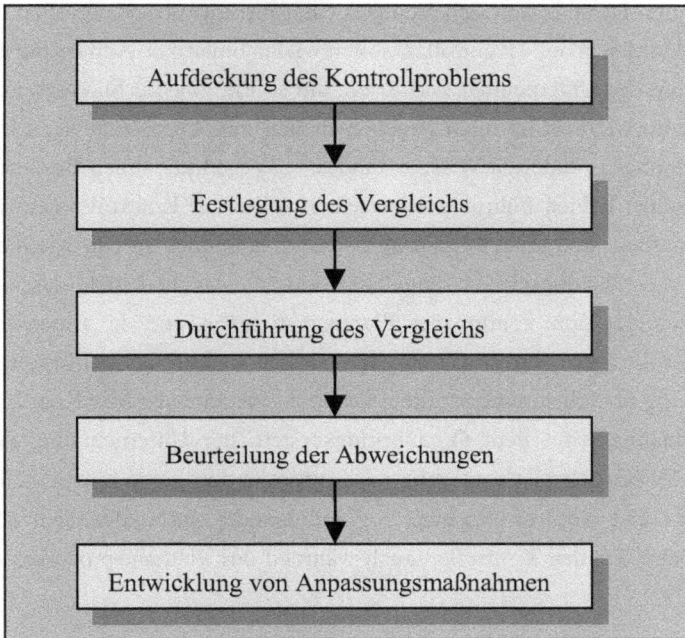

Abb. 6: Der Kontrollprozess

Die Aufgabe des Controlling ist es dann, diesen Prozess zeitlich und sachlich zu koordinieren.[123] Weiterhin hat Controlling die betriebswirtschaftli-

---

[121] Vgl. KÜPPER, H.-U. (1997), S. 173f.

[122] Vgl. WEBER, J. (1998), S. 140f.

[123] Vgl. BOTSCHATZKE, W. (1995), S.101; PFOHL, H.-C./STÖLZLE, W. (1997), S. 39.

chen Methoden zur Ermittlung von Zielabweichungen bereitzustellen.[124] Es ist nicht sicher, inwieweit das Controlling im Kontrollprozess nicht nur unterstützend tätig wird, sondern auch Kontrolltätigkeiten übernimmt. So werden dem Controlling teilweise diese Tätigkeiten zugesprochen,[125] während auch betont wird, dass Kontrolle eine Führungsaufgabe ist und daher kein eigenständiger Problembereich für das Controlling sein kann.[126]

Eine wichtige Bedeutung nimmt die Koordination der Kontrolle mit der Planung ein. Dabei lassen sich feedback- und feedforward- Kontrollen unterscheiden. Feedback- Kontrollen sollen Maßnahmen zur Anpassung der Tätigkeiten des Unternehmens auslösen, um so die Pläne erfüllen zu können. Feedforward- Kontrollen dagegen dienen zur Anpassung der Pläne aufgrund eines geänderten Wissensstandes.[127] Wegen der engen Beziehungen zwischen beiden Führungsteilsystemen sollte das Kontrollsystem bezüglich aufbau- und ablauforganisatorischer Regelungen so nah wie möglich an das Planungssystem angelehnt sein.[128] Das bedeutet, dass die Richtlinien zur Koordination des Planungsprozesses und die Ernennung von Kontrollträgern soweit wie möglich mit den Richtlinien und Instanzen der Planung übereinstimmen sollten. Dadurch werden auch hier Koordinationsmaßnahmen mit dem Organisationssystem der Unternehmung notwendig. Zu beachten ist weiterhin, dass aufgrund der vielen Schnittstellen Planungs- und Kontrollvorgänge eng miteinander verbunden sein sollten.[129] Dabei können Kontrollen auch während des Planungsprozesses erfolgen.[130]

---

[124] Vgl. BECKER, W. (1993), S. 275; HORVÁTH, P. (1996), S. 157.

[125] Vgl. BECKER, W. (1993), S. 275; BRAMSEMANN, R. (1978), S. 9; HERING, E. (1999), S. 285.

[126] Vgl. BOTSCHATZKE, W. (1995), S. 104; KÜPPER, H.-U. (1997), S. 176.

[127] Vgl. WEBER, J. (1998), S. 152.

[128] Vgl. KÜPPER, H.-U. (1999), S. 200.

[129] Vgl. OSSADNIK, W. (1996), S. 32.

[130] Vgl. HAHN, D. (1996), S. 47; ZIEGENBEIN, K. (1998), S. 61.

Die Aufgabe des Controlling ist es auch, die Kontrolle mit der Planung und der Personalführung zu koordinieren. Dadurch besteht die Möglichkeit, das Verhalten von Mitarbeitern zu beeinflussen und zu überwachen.[131] Das ist eine Voraussetzung zur Entwicklung von leistungsbezogenen Entlohnungssystemen, wie z. B. der Stundenentlohnung oder der gewinnabhängigen Zusatzleistungen. Dadurch wird ein wichtiger Beitrag zur Sicherstellung der Rationalität geleistet, da die Mitarbeiter des Unternehmens ihr Verhalten anpassen werden, wenn sie sich bewusst sind, dass eine Kontrolle jederzeit möglich ist.[132]

Weiterhin dient die Kontrolle als zweites Instrument neben der Planung zur Zielausrichtung der Unternehmensaktivitäten, da die Zielerreichung überprüft wird und Korrekturmaßnahmen eingeleitet werden.[133] Dadurch wird auch die Reaktionsfähigkeit des Unternehmens gewahrt,[134] denn Abweichungen von den Zielen bzw. neuartige Entwicklungen können jederzeit festgestellt werden.

3.2.3.2 Erarbeitung der Aufgaben des Kunden-Controlling im Kontrollsystem

Um den sich stetig ändernden Anforderungen der Kunden gerecht zu werden, muss ein Unternehmen in der Lage sein, nicht nur aus den Veränderungen zu lernen, sondern sogar, kommende Entwicklungen zu antizipieren.[135] Durch diese Fähigkeit zu lernen kann langfristig Erfolg gesichert werden.[136] Damit eine Organisation lernen kann, ist es notwendig zu wissen, wo Fehler gemacht wurden bzw. welche Trends im Markt erkennbar sind. Dazu müssen die Ergebnisse mit den Plänen verglichen, also kontrol-

---

[131] Vgl. WEBER, J. (1998), S. 141; ZIEGENBEIN, K. (1998), S. 61.

[132] Vgl. KÜPPER, H.-U. (1997), S. 178; WEBER, J. (1998), S. 151.

[133] Vgl. HORVÁTH, P. (1996), S. 158; KÜPPER, H.-U. (1997), S. 176.

[134] Vgl. BAUMGARTNER, B. (1980), S. 61.

[135] Vgl. BICKMANN, R./SCHAD, M. (1998), S. 110.

[136] Vgl. CRAM, T. (1994), S. 121.

liert werden. Daher ist es Aufgabe des Kunden-Controlling, Abweichungen von den Zielsetzungen der Kundenorientierung und der Effizienz und Effektivität der Maßnahmen zu erkennen und an die verantwortlichen Stellen zu melden, um die Ursachenanalyse einzuleiten. Diese feedback-orientierte Aufgabe ist zwingend um die feedforward- orientierte Kontrolle zu ergänzen. Diese Frühwarnung zum Erkennen von Trends beinhaltet dabei die Erfassung, Beobachtung und Beurteilung kritischer Situationsmerkmale im Bereich des Unternehmens und des Umfelds.[137]

Während des Prozesses der stärkeren Ausrichtung der Unternehmensaktivitäten an den Bedürfnissen der Kunden zur Sicherung der finanziellen Ressourcen und damit der Existenz des Unternehmens ist die Kontrolle des Fortschritts der Entwicklung notwendig.[138] Diese Informationen werden gebraucht, um zukünftig geplante Maßnahmen besser auf die Ziele ausrichten zu können.

Weiterhin ist dafür zu sorgen, dass die kundenbezogenen Zielgrößen der einzelnen Mitarbeiter am Periodenende kontrolliert werden, um so Anreize zu schaffen, kunden- und ressourcenorientiert zu handeln. Nur so ist überprüfbar, ob die Mitarbeiter ihre Ziele erreichen konnten. Dies setzt eine Abstimmung mit dem Personalführungssystem und dem Planungssystem voraus.

3.2.4 Darstellung der Aufgaben im Informationssystem

Zuerst werden die Aufgaben des Controlling im Informationssystem dargestellt. Basierend darauf werden die Aufgaben des Kunden-Controlling in diesem Führungssubsystem entwickelt.

3.2.4.1 Erläuterung der Aufgaben des Controlling im Informationssystem

Das Informationssystem steht für die Informationsfunktion des Controlling, welche sich direkt aus dem Ziel der Sicherung der Informationsver-

---

[137] Vgl. KÜHN, R./FASNACHT, R. (1998), S. 22f.

[138] Vgl. BRUHN, M. (1999a), S. 325.

sorgung ableitet. Nach herrschender Meinung ist es ein wichtiger Be-
standteil des Führungssystems und wird teilweise sogar als Basis für alle
anderen Teilsysteme genannt.[139] Trotzdem ist die Bedeutung der Informationsfunktion des Controlling innerhalb der Konzeption strittig. So ordnet
KÜPPER sie der Koordinationsfunktion unter,[140] während andere sie als die
Kernaufgabe des Controllers bezeichnen.[141] Es gibt jedoch auch Autoren,
die feststellen, dass die Stellung der Informationsfunktion nicht so wichtig
ist.[142]

Teilweise wird mit der Informationsfunktion die Führungsunterstützungs-
funktion des Controlling begründet.[143] Wie aber bereits festgestellt wurde ,
ist dies mehr ein Charakteristikum als eine Aufgabe des Controlling.

Weiterhin wird betont, dass die Erfüllung der Informationsaufgabe die
Voraussetzung für eine Zielausrichtung des Unternehmens ist,[144] da sie die
notwendigen Informationen für den Abgleich von Ergebnissen und Zielen
liefert. Sie trägt außerdem zur Sicherstellung der Rationalität der Entscheidungsfindung bei,[145] da die Objektivität der Entscheidungen einen guten
Überblick über alle Handlungsalternativen voraussetzt und so mit der
Menge an entscheidungsrelevanten Informationen zunimmt. Allerdings
muss streng darauf geachtet werden, dass die gelieferten Informationen
dem Informationsbedarf des jeweiligen Entscheidungsträgers entsprechen,
weil es sonst zu einer Überflutung mit Daten kommen kann.[146]

---

[139] Vgl. KÜPPER, H.-U. (1997), S. 105; PIONTEK, J. (1996), S. 106; SCHMIDT, R. (1995),
S. 24; WEBER, J. (1998), S. 157; WELGE, M.K. (1988), S. 35.

[140] Vgl. KÜPPER, H.-U. (1997), S. 23.

[141] Vgl. HORVÁTH, P. (1996), S. 327; MÜLLER, A. (1996), S. 98f.

[142] Vgl. NEUMANN- SZYSKA, J. (1994), S. 30; PFOHL, H.-C./STÖLZLE, W. (1997), S. 35f.

[143] Vgl. HAHN, D. (1996), S. 175; KLENGER, F. (1997), S. 21; PIONTEK, J. (1996),
S. 106; SCHMIDT, R. (1995), S. 24.

[144] Vgl. KÜPPER, H.-U. (1997), S. 106.

[145] Vgl. SCHMIDT, R. (1995), S. 118; WEBER, J. (1998), S. 33.

[146] Vgl. KÜPPER, H.-U. (1997), S. 11.

Betrachtungspunkt bei der Koordination des Informationssystems ist hier nur der formale Informationsprozess, da die informellen Kommunikationsvorgänge nicht direkt durch die Unternehmensführung beeinflussbar sind.[147]

Die grundlegende Aufgabe des Controlling in diesem Führungsteilsystem ist es, Informationsangebot, -nachfrage und –bedarf zu koordinieren.[148] Dazu ist es notwendig, das Informationssystem zu entwickeln und zu implementieren.[149] Dieses besteht aus Informationen, Informationsprozessen, Aktionsträgern und Aufgaben.[150] Eine wichtige Teilaufgabe dabei ist die Gestaltung des Berichtswesens,[151] welches ein wichtiges Instrument zur Koordination mit den anderen Führungsteilsystemen ist,[152] da es zur Übermittlung der Informationen an die Entscheidungsträger dient. Des Weiteren ist es notwendig, Richtlinien für die aufbau- und ablauforganisatorische Gestaltung aufzustellen. Wegen der vielen Schnittstellen zu den anderen Führungsteilsystemen, insbesondere der Planung und Kontrolle, sollten diese Richtlinien so weit wie möglich an die der anderen Systeme angepasst sein.[153] Weiterhin zählt es zu den Aufgaben des Controlling, bei der Entwicklung, Auswahl und Anwendung von Informationsverarbeitungsinstrumenten unterstützend tätig zu werden.[154] Da das wichtigste Instrument der Informationsfunktion die Unternehmensrechnung ist, muss das Controlling im Rahmen der systembildenden Koordination auch die Schnitt-

---

[147] Vgl. BRÜHL, R. (1992), S. 154; KÜPPER, H.-U. (1997), S. 105.

[148] Vgl. BECKER, W. (1993), S. 273; DELLMANN, K. (1992), S. 11; HORVÁTH, P. (1996), S. 344.

[149] Vgl. HORVÁTH, P. (1996), S. 340; OSSADNIK, W. (1996), S. 35f.

[150] Vgl. HORVÁTH, P. (1996), S. 334.

[151] Vgl. HORVÁTH, P. (1996), S. 328; KÜPPER, H.-U. (1999), S. 192.

[152] Vgl. KÜPPER, H.-U. (1999), S. 197.

[153] Vgl. HORVÁTH, P. (1996), S. 336.

[154] Vgl. HORVÁTH, P. (1996), S. 327f.

stellen zwischen den verschiedenen Rechnungssystemen abstimmen,[155] die Teile der Unternehmensrechnung sind.

Die systemkoppelnde Koordinationsaufgabe innerhalb des Informationssystems besteht in der Sicherstellung des laufenden Betriebs.[156] Das beinhaltet nicht nur die Koordination, sondern auch die Durchführung des Informationsverarbeitungsprozesses,[157] der in Abbildung 7 dargestellt ist. Nach der Ermittlung des Informationsbedarfs können die notwendigen Informationen beschafft und aufbereitet werden. Abschließend erfolgt die Informationsspeicherung und Übermittlung.[158] Als Aufgabe des Controlling wird es in diesem Zusammenhang gesehen, den Informationsbedarf in den anderen Teilsystemen zu ermitteln.[159] Dieser beinhaltet alle Informationen, die zur Aufgabenerfüllung im gesamten Unternehmen gebraucht werden.[160] Strittig ist teilweise, inwieweit auch der Informationsbedarf externer Adressaten einzubeziehen ist oder ob Controlling nur Informationen für Mitarbeiter des Unternehmens liefern sollte.[161] Weiterhin gehört dazu die Gewinnung, Verarbeitung und Übermittlung der notwendigen Informationen.[162] Unter Anderem werden hier die systemübergreifenden Charakteristika des Controlling ersichtlich.

---

[155] Vgl. KÜPPER, H.-U. (1997), S. 106.

[156] Vgl. HORVÁTH, P. (1996), S. 340.

[157] Vgl. HORVÁTH, P. (1996), S. 342.

[158] Vgl. HORVÁTH, P. (1996), S. 341f.

[159] Vgl. KÜPPER, H.-U. (1999), S. 192; SCHMIDT, R. (1995), S. 118.

[160] Vgl. KÜPPER, H.-U. (1997), S. 134.

[161] Vgl. NEUMANN- SZYSZKA, J. (1994), S. 31.

[162] Vgl. KÜPPER, H.-U. (1997), S. 106; SCHMIDT, R. (1995), S. 120.

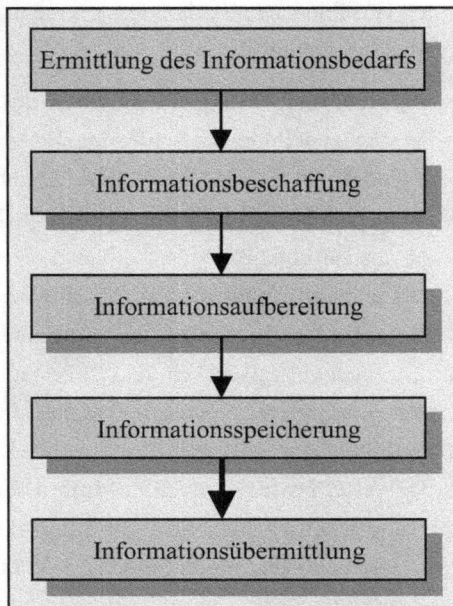

Abb. 7: Der Informationsverarbeitungsprozess

Dabei treten allerdings Abgrenzungsprobleme auf, da in den anderen Führungsteilsystemen auch Informationen verarbeitet werden.[163] Dieses Problem wird gelöst, wenn man dem Informationssystem die Aktivitäten zu-
ordnet, die eine Verbesserung des Informationsstandes zum Ziel haben. Informationsverarbeitungsprozesse gehören dann zu den anderen Führungsteilsystemen z. B. dem Planungs- und Kontrollsystem, wenn sie auf einem
gegebenen Informationsstand aufbauen.[164]

Die Aufgaben des Controlling innerhalb des Informationssystem sind zusammenfassend in folgender Abbildung dargestellt.

---

[163] Vgl. BRÜHL, R. (1992), S. 71f.

[164] Vgl. ESCHENBACH, R./NIEDERMAYR, R. (1996B), S. 76; HORVÁTH, P. (1996), S. 329.

Koordination des Informationssystems	
Entwicklung und Implementierung des Informationssystems	**Sicherstellung des laufenden Betriebs**
Gestaltung des Berichtswesens	Koordination und Durchführung des Informationsverarbeitungsprozesses
Erstellung von Richtlinien für die aufbau- und ablauforganisatorische Gestaltung	Ermittlung des Informationsbedarfes
Unterstützung bei Entwicklung, Auswahl und Anwendung von Informationsverarbeitungsinstrumenten	Gewinnung, Verarbeitung und Übermittlung der Informationen
Abstimmung der Schnittstellen der Rechnungssysteme	

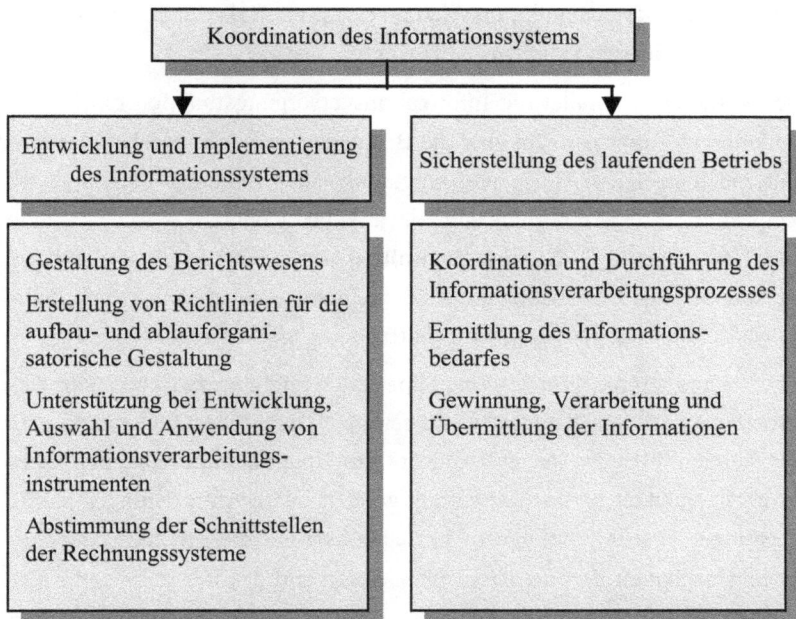

Abb. 8: Die Controlling-Aufgaben im Informationssystem

3.2.4.2 Erarbeitung der Aufgaben des Kunden-Controlling im Informationssystem

Die Informationsversorgungsfunktion des Kunden-Controlling lässt sich ebenfalls in die Bereiche Ermittlung des Informationsbedarfs, Informationsbeschaffung und Informationsübermittlung unterteilen. Bei der Ermittlung des Informationsbedarfs muss dabei festgestellt werden, welche kundenbezogenen Daten von der gesamten Unternehmensführung gebraucht werden. Das beinhaltet ebenfalls die genaue Spezifikation der gewünschten Informationen.

Im nächsten Schritt sind dann die Informationen zu beschaffen. Zuerst muss über den Stand der Kundenorientierung im Unternehmen berichtet

werden. Das ist notwendig, um Verbesserungsmaßnahmen treffen und Er-
folge kontrollieren zu können.[165]

Des Weiteren beinhaltet die Informationsversorgungsfunktion die Bereit-
stellung von Informationen über die Beziehung zwischen den Kunden und
Unternehmen. Diese Beziehung beschränkt sich allerdings nicht nur auf
den Kaufakt, sondern bezieht sich auf sämtliche Kontakte zwischen Kunde
und Unternehmen.[166] Kunden-Controlling hat dabei nicht nur die reine
Versorgung mit Informationen zu übernehmen, sondern muss auch beurteilen, ob die Messverfahren wirtschaftlich und effektiv sind.[167]

Die Versorgung mit Informationen über die Beziehung zwischen dem Unternehmen und dem Kunden beinhaltet auch Daten über die Erwartungen
der Kunden in Bezug auf das Angebot des Unternehmens. Dadurch ist es
möglich, anzubieten was nachgefragt wird.[168] Diese Anforderungen an die
Leistungen eines Unternehmens beziehen sich auf die Produkt- oder Serviceeigenschaften, auf die Kundenbeziehung und das Image bzw. die Reputation eines Unternehmens.[169] Wichtig ist neben der reinen Erfassung
der Anforderungen auch die Zuordnung von Prioritäten. Bei einer Liste
von Kundenwünschen können nicht immer alle erfüllt werden und deswe-
gen ist es notwendig zu wissen, welche für die Kunden am wichtigsten
sind.[170] Diese Erwartungen brauchen jedoch nicht nur passiv vom Unternehmen hingenommen zu werden, sondern können aktiv z. B. durch Wer-
bung beeinflusst werden.[171] Das Kennen der Anforderungen ist Voraus-

---

[165] Vgl. BRUHN, M. (1999a), S. 325.

[166] Vgl. DROEGE, W. P. J. (1994), S. 59.

[167] Vgl. WEBER, J. (1997), S. 249f.

[168] Vgl. WAGNER, P. (1997), S. 4.

[169] Vgl. KAPLAN, R. S./NORTON, D. P. (1997), S. 71.

[170] Vgl. BICKMANN, R./SCHAD, M. (1998), S. 105.

[171] Vgl. CHRISTIANUS, D. (1999), S. 17; OLIVER, R. L. (1997), S. 80.

setzung, um dem Kunden Qualität bieten zu können, da Qualität nichts anderes als die Erfüllung der Kundenwünsche ist.[172]

Informationen, die die Kundenbeziehung kennzeichnen, ergeben sich auch aus der Kundenzufriedenheit. Diese stellt dar, inwieweit die Erwartungen der Kunden erfüllt wurden.[173] Der Kunde ist demnach nur zufrieden, wenn er Qualität erhalten hat, also seine Erwartungen erfüllt oder übertroffen wurden. Für das Unternehmen sind aber besonders die unzufriedenen Kunden wichtig, da sie wertvolle Informationen besitzen, wie sich das Unternehmen verbessern kann. Diese Informationen sind aber nicht ohne weiteres zu erhalten, da der Großteil unzufriedener Kunden sich nicht beschwert, sondern einfach nicht wiederkommt. Zur Gewinnung solcher Daten muss ein Unternehmen ein aktives Beschwerdewesen einrichten, das eine Reklamation mehr als Chance statt als Problem begreift.[174]

Weiterhin kennzeichnend für die Beziehung zwischen Kunde und Unternehmen sind auch Informationen über die Loyalität von Kunden. Kundenbindung setzt voraus, dass der Kunde zufrieden mit den Leistungen des Unternehmens ist.[175] Die Verbesserung der Kundenbindung hat auch Einfluss auf die Wirtschaftlichkeit des Unternehmens, da so z. B. die Anfangsinvestitionen zur Akquisition des Kunden einen größeren Erfolg über eine längere Kundenbeziehung nach sich ziehen.[176]

Daten zur Fähigkeit eines Unternehmens, Kunden zu akquirieren, geben ebenfalls Auskunft über den Grad der Ausrichtung des Leistungsangebotes an den Kunden. Eine bessere Kundenakquisition wird auch durch Kundenzufriedenheit erreicht, da Kunden mit positiven Erfahrungen im Umfang mit dem Unternehmen dies weitergeben. Das hat dann auch positive finan-

---

[172] Vgl. DEHR, G. (1996), S. 12; PETERS, TH. J./WATERMAN, R. H. (1995), S. 196.

[173] Vgl. TÖPFER, A./MANN, A. (1999), S. 70.

[174] Vgl. BIERMANN, TH. (1996), S. 162.

[175] Vgl. KAPLAN, R. S./NORTON, D. P. (1996), S. 70.

[176] Vgl. HOMBURG, CH./WERNER, H. (1998), S. 36.

zielle Aspekte, da so die Preisbereitschaft neuer Kunden erhöht und die Anfangsinvestitionen gesenkt werden.[177]

Selbstverständlich braucht ein Unternehmen auch Daten über die finanzielle Vorteilhaftigkeit der Kundenbeziehung für das Unternehmen, um das Ziel der Effizienz aller kundenbezogenen Maßnahmen zu erfüllen. Am Ende einer Periode ist es nicht nur wichtig zu wissen, ob die Bedürfnisse der Kunden erfüllt wurden, sondern ob dadurch auch das finanzwirtschaftliche Ziel erreicht wurde.[178] Außerdem ist es nur so möglich, die Investitionen in Kunden effizient zu steuern.[179] Neben diesen ergebnisbezogenen quantitativen Daten können auch qualitative Informationen, wie z. B. das Kundenimage, die Referenzwirkung oder mögliche Synergien, Auskunft über die Attraktivität eines Kunden für das Unternehmen geben.[180]

Auch der Marktanteil liefert wertvolle Informationen über die Beziehung zwischen Kunde und Unternehmen. Er verändert sich einerseits durch Wachstum oder Schrumpfung des Marktes. Andererseits zeigt er indirekt an, ob die Maßnahmen des Unternehmens, neue Kunden zu gewinnen und vorhandene zu binden, erfolgreich waren. Damit informiert er über die relative Bedeutung des Unternehmens im Vergleich zu den Konkurrenten.[181] Es wurde darüber hinaus empirisch bestätigt, dass ein höherer Marktanteil einen positiven Effekt auf die Profitabilität eines Unternehmens hat.[182]

Ergänzend zu den internen Daten und den Informationen über die Kundenbeziehung sind für die effiziente Orientierung der Unternehmensaktivitäten an den Kunden Informationen über die Wettbewerber nötig.[183] Sie sind der Maßstab für Kundenorientierung. Schließlich geht es nicht darum, den

---

[177] Vgl. HOMBURG, CH./WERNER, H. (1996), S. 152.

[178] Vgl. STAHL, H. K. (1998), S. 188.

[179] Vgl. WAYLAND, R. E./COLE, P. M. (1997), S. 226.

[180] Vgl. KLINGEBIEL, N. (1998), S. 313.

[181] Vgl. KOTLER, P./BLIEMEL, F. (1995), S. 1152.

[182] Vgl. SCHNAARS, ST. P. (1991), S. 201.

[183] Vgl. LINTON, I. (1994), S. 46; WAGNER, P. (1997), S. 49.

Kunden nur glücklich zu machen, sondern im Wettbewerb durch Erfüllung der Kundenwünsche zu überleben.[184] Und dafür muss das Unternehmen nicht perfekt, sondern nur besser als alle anderen sein. Außerdem werden die Anforderungen der Kunden an Dienstleistungen und Produkte auch durch das geprägt, was derzeit im Markt möglich ist.[185]

Das Kunden-Controlling muss also dafür sorgen, dass diese Informationen verfügbar sind und sie an die entsprechenden Stellen weiterleiten. Damit ist zum Einen analog zum allgemeinen Controlling die Einrichtung eines geeigneten Informationssystems gemeint und zum Anderen die Erstellung von Berichten. Gebraucht werden diese Daten z. B. im Planungs- und Kontrollsystem, um aus Fehlern zu lernen oder sich auf ändernde Trends einzustellen. Wichtig sind die Informationen auch für das Personalführungssystem, da sie für die Einrichtung eines Anreizsystems benötigt werden. Bei der Einrichtung dieses speziell kundenbezogenen Berichtssystems ist darauf zu achten, dass die Schnittstellen mit den Berichtssystemen anderer Controllingkonzeptionen abgestimmt werden, so dass ein integriertes Berichtswesen entsteht.

3.2.5 Darstellung der Aufgaben im Organisationssystem

Nach Beschreibung der Aufgaben des Controlling im Organisationssystem werden diese auf die spezielle Situation des Kunden-Controlling bezogen.

3.2.5.1 Erläuterung der Aufgaben des Controlling im Organisationssystem

Obwohl der Gegenstand der Organisation von mehreren wissenschaftlichen Disziplinen von unterschiedlichsten Gesichtspunkten untersucht wird, ist in bezug auf das Controlling des Organisationssystems der Entwicklungsstand in der Forschung noch nicht weit fortgeschritten.[186]

---

[184] Vgl. SCHNAARS, ST. P. (1991), S. 301.

[185] Vgl. TÖPFER, A./MANN, A. (1999), S. 71.

[186] Vgl. KÜPPER, H.-U. (1997), S. 21f.

Da Koordination auch die Aufgabe des Organisationssystems ist,[187] muss eine Abgrenzung zum Controlling erfolgen. Im Mittelpunkt der Organisation steht vorrangig die Koordination von Realisationsaufgaben im Leistungssystem eines Unternehmens.[188] Dagegen richtet sich das Controlling, wie bereits erwähnt, auf die Koordination im Führungssystem.[189] Da die Koordination im Organisationssystem jedoch beide Teilbereiche betrifft und Organisationsinstrumente auch für die Koordination der Führung verwendbar sind, existiert ein Überschneidungsbereich,[190] wie die folgende Abbildung verdeutlicht.

Abb. 9: Abgrenzung von Organisation und Controlling (Quelle: KÜPPER, H.-U. (1997), S. 243)

---

[187] Vgl. SCHIERENBECK, H. (1999), S. 101ff.

[188] Vgl. KÜPPER, H.-U. (1997), S. 241; KÜPPER, H.-U. (1999), S. 200.

[189] Vgl. KÜPPER, H.-U. (1991), S. 249.

[190] Vgl. KÜPPER, H.-U. (1997), S. 243; KÜPPER, H.-U. (1999), S. 200.

Controlling- Aufgaben innerhalb des Organisationssystems betreffen vor allem die Koordination von Aufbau- und Ablauforganisation, die nur selten Gegenstand wissenschaftlicher Untersuchungen ist.[191]

Die enge Beziehung des Organisationssystems zu den anderen Führungsteilsystemen zeigt sich vor allem darin, dass diese meist auf einer vorhandenen Organisationsstruktur aufbauen. Gleichzeitig können die anderen Führungsteilsysteme auch die Gestaltung des Organisationssystems beeinflussen.[192] So muss sich z. B. die Differenzierung der Teilpläne an der Differenzierung in der Organisation orientieren,[193] d. h. eine Organisation nach Regionen verlangt auch die Aufstellung von Plänen für jede Region. Auf der anderen Seite kann das Organisationssystem beeinflusst werden, wenn z. B. im Planungssystem eine Veränderung der Organisationsstruktur erarbeitet wird.[194]

Eine Abstimmung zwischen Organisationssystem und Personalführungssystem wird notwendig, weil sich die Elemente beider Systeme gegenseitig beeinflussen.[195] So hat z. B. die Verteilung der Sachaufgaben einen Einfluss auf das Anreizsystem, da letzteres dazu dient, die optimale und zielorientierte Aufgabenerfüllung zu gewährleisten. Auf der anderen Seite kann durch die Gestaltung des Anreizsystems auch die Kommunikationsstruktur beeinflusst werden, wenn durch eine entsprechende Motivation der Manipulation von Informationen vorgebeugt wird.[196]

Unverzichtbar ist auch die Koordination mit dem Informationssystem, da die Verteilung der Aufgaben als auch der Entscheidungs- und Weisungsrechte einen starken Einfluss auf den Informationsbedarf, die Bestandteile

---

[191] Vgl. KÜPPER, H.-U. (1997), S. 22; OSSADNIK, W. (1996), S. 31.

[192] Vgl. KÜPPER, H.-U. (1997), S. 23.

[193] Vgl. KÜPPER, H.-U. (1997), S. 260.

[194] Vgl. WEBER, J. (1998), S. 253.

[195] Vgl. KÜPPER, H.-U. (1997), S. 281; KÜPPER, H.-U. (1999), S. 206.

[196] Vgl. KÜPPER, H.-U. (1997), S. 283f.

des Informationssystems und das Berichtswesen hat.[197] Eine Beeinflussung des Organisations- durch das Informationssystem entsteht insbesondere durch die Entwicklung von EDV- gestützten Informationssystemen. Als Aufgabe des Controlling zählt es deshalb, diese Beziehung zwischen dem Organisationssystem und z. B. dem Informationssystem zu analysieren und herauszuarbeiten.[198]

3.2.5.2 Erarbeitung der Aufgaben des Kunden-Controlling im Organisationssystem

Bei der Umsetzung von Kundenorientierung im Unternehmen muss auch die Organisationsstruktur angepasst werden. Kunden-Controlling muss diese Umstrukturierungen unterstützen, in dem Problemfelder und Verbesserungspotentiale für eine kundenorientierte Organisation aufgezeigt werden.[199] Dabei muss zwingend auf die Effizienz aller Maßnahmen geachtet werden. So darf der Nutzen für den Kunden oder das Unternehmen durch die Umstrukturierung nicht geringer sein, als die Kosten für diese Maßnahmen. Entsprechend der grundlegenden Koordinationsaufgabe innerhalb des gesamten Führungssystems hat das Kunden-Controlling die anderen Teilsysteme dieser eventuell neuen Struktur anzupassen, um eine optimale Arbeitsweise zu ermöglichen.

3.2.6 Darstellung der Aufgaben im Personalführungssystem

Zuerst erfolgt die Darstellung der Aufgaben des Controlling im Personalführungssystem. Diese Aufgaben werden dann auf die speziellen Bedingungen des Kunden-Controlling bezogen.

---

[197] Vgl. KÜPPER, H.-U. (1997), S. 243; KÜPPER, H.-U. (1999), S. 25.

[198] Vgl. KÜPPER, H.-U. (1997), S. 243f.

[199] Vgl. HOMBURG, CH./WERNER, H. (1996), S. 174.

3.2.6.1 Erläuterung der Aufgaben des Controlling im Personalführungssystem

Genauso wie bei dem Organisationssystem sind Aspekte des Controlling des Personal-führungssystems noch kaum untersucht worden.[200] Zentrale Aufgabe der Personalführung ist die Steuerung der Mitarbeiter durch Anreizsysteme auf die Erfüllung der Unternehmensziele hin.[201] Damit trägt dieses Element des Führungssystems direkt zur Zielerreichung bei. Elemente des Personalführungssystems sind natürlich die Mitarbeiter, das Anreiz- und Motivationssystem, das Personalentwicklungssystem sowie der Führungsstil.[202] Da KÜPPER auch die Führungsgrundsätze in das Personalführungssystem einordnet, besteht eine Aufgabe des Controlling in der Koordination dieser Grundsätze mit den anderen Komponenten des Systems.[203]

Auch hier bestehen enge Verbindungen zu den anderen Führungsteilsystemen, die analysiert und koordiniert werden müssen. So beeinflussen die Maßnahmen der anderen Führungsinstrumente nur indirekt das Verhalten der Mitarbeiter und bedürfen deshalb der Personalführung als Katalysator.[204] Eine wichtige Koordinationsaufgabe mit dem Planungs- und Kontrollsystem ist die Festlegung der Bezugsgrößen, auf die sich das Anreiz- und Motivationssystem bezieht.[205]

---

[200] Vgl. KÜPPER, H.-U. (1997), S. 190.

[201] Vgl. ESCHENBACH, R./NIEDERMAYR, R. (1996b), S. 77; KÜPPER, H.-U. (1991), S. 249; KÜPPER, H.-U. (1997), S. 23; KÜPPER, H.-U. (1999), S. 199.

[202] Vgl. KÜPPER, H.-U. (1991), S. 249; KÜPPER, H.-U. (1997), S. 190; KÜPPER, H.-U. (1999), S. 199; SCHIERENBECK, H. (1999), S. 133.

[203] Vgl. KÜPPER, H.-U. (1997), S. 22f.

[204] Vgl. KÜPPER, H.-U. (1997), S. 190f.

[205] Vgl. KÜPPER, H.-U. (1997), S. 216.

3.2.6.2 Erarbeitung der Aufgaben des Kunden-Controlling im Personalführungssystem

Eines der wichtigsten Instrumente zur Durchsetzung von Kundenorientierung unter Berücksichtigung der Wirtschaftlichkeit aller Maßnahmen ist das Personalführungssystem.[206] Seine Aufgabe ist es, eine Unternehmenskultur zu schaffen, die der Zielerreichung dient. Dazu müssen Maßnahmen getroffen werden, um die Mitarbeiter zu einem an den Kundenwünschen orientierten Handeln zu motivieren.[207]

Kunden-Controlling muss daher anregen, dass Kundenorientierung und die damit verbundene Beachtung wirtschaftlicher Aspekte konsequent in allen Elementen des Personalführungssystems durchgesetzt wird. Dazu sind Schwachpunkte aufzuzeigen und gegebenenfalls auch Lösungsvarianten anzubieten.

Die Aufgaben des Kunden-Controlling in den jeweiligen Teilsystemen sind in der folgenden Abbildung zusammengefasst. Danach erfolgt die Ableitung von Instrumenten, mit denen die beschriebenen Ziele erreicht und die dargestellten Aufgaben erfüllt werden sollen.

---

[206] Vgl. WAGNER, P. (1997), S. 5.

[207] Vgl. ERLBECK, K. (1999), S. 14.

Aufgaben des Kunden-Controlling	**Im Planungssystem** -Integration der Kundenorientierung unter Beachtung des sinnvollen Einsatzes aller Ressourcen in das Zielsystem des Unternehmens -Operationalisierung des Ziels für jede Abteilung und jeden Mitarbeiter -Prüfung der Zielausrichtung der geplanten Aktivitäten und gegenseitige Abstimmung
	Im Kontrollsystem -Kontrolle des Prozesses der Durchsetzung der Kundenorientierung und des sinnvollen Einsatzes aller Ressourcen sowie der Erfüllung der Planzahlen -Kontrolle der operationalisierten Kennzahlen zur Überprüfung der Zielerreichung
	Im Informationssystem -Einrichtung eines kundenorientierten Informationssystems -Ermittlung des kundenbezogenen Informationsbedarfs der Unternehmensführung -Versorgung mit Informationen über 1 Stand der wirtschaftlichen Kundenorientierung 2 die Beziehung zum Kunden (Anforderungen, Kundenzufriedenheit, Kundenbindung, Kundenakquisition, Kundenattraktivität, Marktanteil) 3 die Wettbewerber
	Im Organisationssystem -Aufzeigen von Problemen und Verbesserungspotentialen der alten Organisationsstruktur zur Umstellung auf eine kundenorientierte Organisation -Überprüfung der wirtschaftlichen Notwendigkeit aller Maßnahmen -Anpassung der anderen Führungsteilsysteme an die neue Organisationsstruktur
	Im Personalführungssystem -Analyse des Personalführungssystems auf Möglichkeiten zur Anpassung an die Zielsetzung der Kundenorientierung und die damit verbundene Beachtung wirtschaftlicher Aspekte -Aufzeigen von Lösungsvarianten

Abb. 10: Die Aufgaben des Kunden-Controlling in den Führungsteilsystemen

3.3 Instrumente des Kunden-Controlling

Das Instrumentarium des Controlling und des Kunden-Controlling soll dazu dienen, die eben beschriebenen Aufgaben zu erfüllen. Dabei sind aufgrund der teilweise lückenhaften Abdeckung durch die Forschung nicht für jedes Aufgabengebiet Instrumente vorhanden.[208] Des Weiteren werden für

---

[208] Vgl. KÜPPER, H.-U. (1997), S. 21f.

Aufgaben, wie die Schaffung eines Planungsrahmens im Planungssystem, keine Modelle bzw. Techniken eingesetzt. Für die Erfüllung dieser Aufgaben sind eher Routinen und Anleitungen zu schreiben. Aufgrund ihrer Detailliertheit und der Notwendigkeit, sie individuell an jedes Unternehmen anzupassen, wird nicht näher auf derartige Richtlinien eingegangen. Daher werden im Folgenden Modelle und Techniken genannt, die zur Erfüllung der Aufgaben des Controlling dienen können. Parallel dazu werden Instrumente dargestellt, die zur Durchsetzung von Kundenorientierung und zur Erfüllung der speziellen Aufgaben des Kunden-Controlling dienen.

3.3.1 Darstellung der Instrumente im Planungssystem

Zuerst werden Methoden dargestellt, die helfen können die Aufgaben des übergeordneten Controlling im Planungssystem zu bewältigen. Danach wird auf Instrumente zur Lösung der speziellen Aufgabenstellung des Kunden-Controlling eingegangen.

3.3.1.1 Instrumente des Controlling im Planungssystem

Voraussetzung für den Aufbau eines Zielsystems ist die Lösung von Zielkonflikten, für die verschiedene Methoden zur Verfügung stehen. Erstens können Ziele teilweise oder ganz unterdrückt werden. Weiterhin besteht die Möglichkeit der Zielgewichtung, wobei Prioritäten festgelegt und die Gesamtsumme der gewichteten Zielgrößen maximiert wird.[209] Weitere ähnliche Verfahren, um einen Kompromiss zu finden, sind die Nutzwertanalyse sowie Punktbewertungs- und Scoring- Modelle und die Multiattribute Nutzwertanalyse.[210] Der Aufbau eines Systems aus hierarchisch angeordneten Zielen ist notwendig, um die Tätigkeiten der Unternehmenseinheiten und Mitarbeiter abzustimmen.

---

[209] Vgl. KÜPPER, H.-U. (1997), S. 74.

[210] Vgl. KÜPPER, H.-U. (1997), S. 70ff.

Der Großteil der für die Koordination der Planung genannten Instrumente beschäftigt sich mit der Koordination und Aufstellung der Teilpläne der organisatorischen Subeinheiten. Bei einer simultanen Planabstimmung lassen sich die Optimierungskalküle des Operations Research nutzen.[211] Dabei werden verschiedene Planungsgegenstände gleichzeitig berücksichtigt und festgelegt.[212] Aufgrund der Komplexität dieser Methode stößt man in der Praxis auf viele Probleme.[213] Daher wird oft auf eine sukzessive Vorgehensweise zurückgegriffen.[214] Dabei kann man einmal retrograd vorgehen, indem die Unternehmensleitung den Rahmen für die Pläne vorgibt, der dann durch die unteren Hierarchieebenen ausgestaltet wird. Diese Methodik wird auch als top-down- Ansatz bezeichnet.[215] Umgekehrt kann man auch bottom- up planen. Dabei werden die detaillierten Pläne der Unternehmenseinheiten zu einem Gesamtplan verdichtet.[216] Als letzte Möglichkeit kommt auch das Gegenstromverfahren in Frage, welches eine Verbindung der beiden erstgenannten Methoden darstellt.[217]

Für die Abstimmung der Strategien und Ziele einzelner Untereinheiten werden alsControlling-Instrumente auch Portfoliomodelle eingesetzt. Dabei werden die Unternehmenseinheiten in eine Matrix eingeordnet, die z. B. das Marktwachstum und den Marktanteil als Dimensionen enthält. Dadurch erhält man eine Kombination von Strategien, die am besten zur Erreichung der Unternehmensziele geeignet ist.[218] Darauf basierend wird dann eine Verteilung der Ressourcen vorgenommen.[219]

---

[211] Vgl. HORVÁTH, P. (1996), S. 190.

[212] Vgl. KÜPPER, H.-U. (1997), S. 78.

[213] Vgl. SCHMIDT, R. (1995), S. 99.

[214] Vgl. HORVÁTH, P. (1996), S. 191.

[215] Vgl. HORVÁTH, P. (1996), S. 207.

[216] Vgl. KÜPPER, H.-U. (1997), S. 280.

[217] Vgl. HUCH, B. u. a. (1997), S. 249.

[218] Vgl. BRAMSEMANN, R. (1993), S. 257.

[219] Vgl. SCHWEITZER, M./FRIEDL, B. (1992), S. 158.

Für die operative Abstimmung der Unternehmenseinheiten werden Budgets genutzt.[220] Der Budgetierungsprozess ist Teil des Planungsprozesses,[221] bei dem die Pläne durch Wertgrößen operational gestaltet werden.[222] Dadurch wird den Unternehmenseinheiten ein Rahmen für ihre Tätigkeiten vorgegeben[223] und die Schnittstellen zwischen den Einheiten werden abgestimmt.[224]

Für die Koordination der Schnittstellen zwischen den Teilplänen, z. B. bei gegenseitigen Lieferungen und Leistungen der Unternehmenseinheiten, werden oft Verrechnungspreise benutzt.[225] Da diese Preise den wirtschaftlichen Erfolg einer Geschäftseinheit beeinflussen, dienen sie zur Steuerung der Unternehmenseinheiten auf die Maximierung des Gesamterfolgs der Unternehmung.[226] Dies ist maßgeblich durch die Modalitäten der Verrechnung beeinflussbar. Damit Verrechnungs- bzw. Transferpreise funktionieren, sollte das fundamentale Prinzip wenn möglich eingehalten werden. Dieses besagt, dass der Verrechnungspreis an den Preis angelehnt sein sollte, der einem Unternehmensfremden gezahlt oder in Rechnung gestellt werden würde.[227]

3.3.1.2 Instrumente des Kunden-Controlling im Planungssystem

Ein Instrument zur Integration der Kundenorientierung in das Zielsystem des Unternehmens ist die Balanced Scorecard. In den Perspektiven

---

[220] Vgl. PEEMÖLLER, V. H. (1997), S. 162.

[221] Vgl. HORVÁTH, P. (1996), S. 225.

[222] Vgl. BAUMGARTNER, B. (1980), S. 95; HAHN, D. (1996), S. 1046; OSSADNIK, W. (1996), S. 217; PIONTEK, J. (1996), S. 339; SCHMIDT, R. (1995), S. 67f.; SCHWEITZER, M./FRIEDL, B. (1992), S. 164.

[223] Vgl. KÜPPER, H.-U. (1997), S. 28; WEBER, J. (1998), S. 120.

[224] Vgl. HORVÁTH, P. (1996), S. 238.

[225] Vgl. HAHN, D. (1996), S. 670; HUCH, B. u. a. (1997), S. 312; OSSADNIK, W. (1996), S. 31; ZIEGENBEIN, K. (1998), S. 127.

[226] Vgl. KÜPPER, H.-U. (1997), S. 347.

[227] Vgl. ANTHONY, R. N./GOVINDARAJAN, V. (1998), S. 211.

Finanzen, Kunden, interne Geschäftsprozesse sowie Lernen und Wachstum werden aus den Strategien des Unternehmens Ziele und operationale Kennzahlen formuliert.[228] In der Kundenperspektive werden Ziele für den Marktanteil, die Kundentreue, die Kundenakquisition, die Kundenzufriedenheit und die Kundenrentabilität gebildet.[229] Diese Kernkennzahlen werden um Ziele für die Produkt- oder Serviceeigenschaften, die Kundenbeziehungen sowie das Image bzw. die Reputation ergänzt.[230] Dabei darf sich die Integration von kundenbezogenen Zielen nicht nur auf die Kundenperspektive beschränken. Vielmehr betrifft das alle Perspektiven um einen ganzheitlichen Ansatz der Neuorientierung im gesamten Unternehmen zu gewährleisten. So sollten beispielsweise in der internen Geschäftsperspektive die Maßnahmen zur Umstrukturierung der Aufbau- und Ablauforganisation beschrieben werden. Indem für jede Unternehmenseinheit entsprechende Kennzahlen und Maßnahmen formuliert werden, ist es möglich, alle kundenbezogenen Aktivitäten im Unternehmen zu koordinieren.

Eine weitere Methode zur Koordination der Pläne der Unternehmenseinheiten bildet eine „Was/Wer"- Matrix. In dieser wird festgelegt, welche Abteilung für welche Maßnahmen zur Verbesserung der wirtschaftlich sinnvollen Kundenorientierung verantwortlich ist.[231]

3.3.2 Darstellung der Instrumente im Kontrollsystem

Im Folgenden werden Instrumente beschrieben, die zur Lösung der Aufgabe des Controlling im Kontrollsystem geeignet sind. Danach folgt die Darstellung von Instrumenten des Kunden-Controlling zur Bewältigung der Aufgaben in diesem Führungssubsystem.

---

[228] Vgl. KAPLAN, R. S./NORTON, D. P. (1997), S. 23.

[229] Vgl. dazu Punkt 3.2.4.2.

[230] Vgl. KAPLAN, R. S./NORTON, D. P. (1997), S. 71.

[231] Vgl. GALE, B. T./WOOD, R. CH. (1994), S. 228.

3.3.2.1 Instrumente des Controlling im Kontrollsystem

Da Kontrollen jederzeit und überall möglich sind, ist der Einsatz von Methoden der Fremdkontrolle auf Situationen einzugrenzen, in denen die Toleranzgrenzen für Abweichungen überschritten wurden.[232] Ansonsten besteht die Gefahr, dass die Kosten der Kontrolle größer als deren Nutzen werden.

Abweichungsanalysen alsControlling-Instrument beinhalten den Vergleich von zwei Größen, z. B. Plan- und Ist- Größen, und die Analyse der Abweichungsursachen.[233] Dadurch können die Unternehmensziele und –aktivitäten besser koordiniert werden. Dazu werden die Ergebnisse dieser Methoden z. B. an das Planungssystem gemeldet, die diese dann bei zukünftigen Planungen berücksichtigen kann. Damit wird allerdings ersichtlich, dass dem Controlling die Durchführung einer Phase des Kontrollprozesses zugeordnet wird. Dies ist vor allem mit der Charakteristik der Informationsbereitstellung dieser Analysen zu begründen. Zur Ermittlung von Abweichungsursachen können Varianz,- Regressions,- Korrelations,- Faktor- und Clusteranalysen eingesetzt werden.[234]

Als ein weiteresControlling-Instrument werden in diesem Zusammenhang Stichprobenanalysen genannt. Mit diesen soll vor allem der Kontrollaufwand verringert werden. Dabei können die Zeitpunkte und Objekte bewusst ausgewählt oder mit statistischen Methoden ermittelt werden.[235]

3.3.2.2 Instrumente des Kunden-Controlling im Kontrollsystem

Auch unter kundenorientierten Gesichtspunkten ist die Abweichungsanalyse ein wichtiges Instrument zur Kontrolle. Dabei sollten vor allem die Größen regelmäßig analysiert werden, die im Rahmen der Planung, z. B. in der Kundenperspektive einer Balanced Scorecard, festgelegt worden sind.

---

[232] Vgl. ZIEGENBEIN, K. (1998), S. 449.

[233] Vgl. KLENGER, F. (1997), S. 685; KÜPPER, H.-U. (1997), S. 181.

[234] Vgl. PIONTEK, J. (1996), S. 346.

[235] Vgl. WEBER, J. (1998), S. 147f.

Zur Kontrolle des Fortschritts des Prozesses der Kundenorientierung können die MAKOR- und die MKTOR- Skala eingesetzt werden. Die MAKOR- Skala besteht aus einer Reihe von Einzelindikatoren, mit denen der Grad der Gewinnung und Verbreitung von Informationen über die Kunden festgestellt werden soll. Die MKTOR- Skala dagegen dient der Messung der Kundenorientierung der Unternehmenskultur.[236] Zur Feststellung einer Veränderung ist es allerdings notwendig, dass diese Messungen regelmäßig vorgenommen werden. Dann ist es auch möglich, Ansatzpunkte für Veränderungen an das Planungssystem weiterzumelden.

3.3.3 Darstellung der Instrumente im Informationssystem

Nach Darstellung von Methoden zur Erfüllung der Informationsversorgungsfunktion des Controlling erfolgt die Beschreibung von auf die spezielle Aufgabenstellung des Kunden-Controlling zugeschnittenen Instrumenten.

3.3.3.1 Instrumente des Controlling im Informationssystem

Entsprechend der Phasen im Informationsverarbeitungsprozess (siehe Abb.7) lassen sich drei Gruppen von Instrumenten unterscheiden. Als Grundlage für die Informationsversorgung gilt die Informationsbedarfsanalyse.[237] Für die Ermittlung des Bedarfs an operativen und taktischen Informationen stehen induktive und deduktive Analysemethoden zur Verfügung, die zusammenfassend in der folgenden Abbildung dargestellt sind.[238] Für die strategische Informationsbedarfsermittlung wird auf die Methode der kritischen Erfolgsfaktoren zurückgegriffen. Dabei sind Informationen bereitzustellen, die über die Entwicklung der Schlüsselfaktoren des Unternehmenserfolgs Auskunft geben.[239]

---

[236] Vgl. BRUHN, M. (1999a), S. 325ff.

[237] Vgl. PIONTEK, J. (1996), S. 108.

[238] Vgl. HORVÁTH, P. (1996), S. 347.

[239] Vgl. HORVÁTH, P. (1996), S. 354; PEEMÖLLER, V. H. (1997), S. 146; PIONTEK, J. (1996), S. 112.

Instrumente zur Ermittlung des Informationsbedarfs	
Induktive Analysemethoden Dokumentenanalyse Daten-technische Analyse Organisationsanalyse Befragung durch Interview, Fragebogen, Bericht	Deduktive Analysemethoden Deduktiv- logische Analyse Modellanalyse

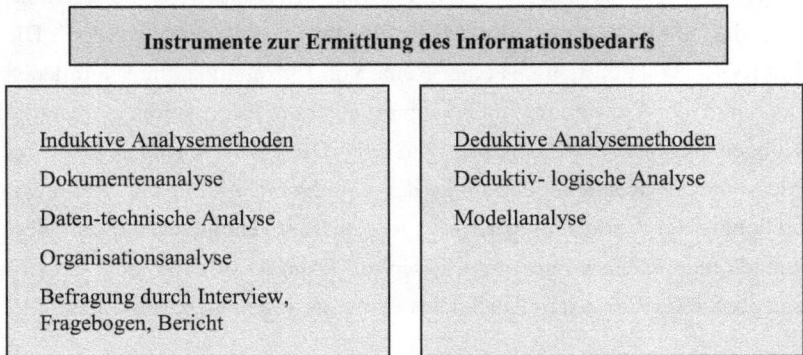

Abb. 11: Instrumente zur Ermittlung des Informationsbedarfs (in Anlehnung an: KÜPPER, H.-U. (1997), S. 141)

Die Phasen der Informationsbeschaffung und –verarbeitung werden durch die Unternehmensrechnung abgedeckt, die auf das gesamte Unternehmen ausgerichtet ist.[240] Daneben gibt es weitere Systeme, die sich mit der Informationsversorgung in den Funktionsbereichen beschäftigen, wie z. B. die Marktforschung. Nach dem Empfänger der Informationen kann man zwischen dem Financial Accounting und dem Management Accounting unterscheiden.[241] Unter Financial Accounting oder der externen Rechnungslegung wird dabei die vertraglich oder gesetzlich festgelegte Informationsversorgung von externen Adressaten verstanden.[242] Dagegen ist das Management Accounting für die Informationsversorgung besonders des Managements verantwortlich. Teilweise werden die Controllinginstrumente dabei auf die Informationsversorgung für interne Empfänger eingegrenzt.[243]

---

[240] Vgl. KÜPPER, H.-U. (1997), S. 108.

[241] Vgl. HORVÁTH, P. (1996), S. 404f.

[242] Vgl. WEBER, J. (1998), S. 162.

[243] Vgl. DEYHLE, A. (1991), S. 4.

Die Unternehmensrechnung lässt sich in das Rechnungswesen, die Finanzrechnung, die Investitionsrechnung sowie die Humanvermögensrechnung
und Sozialbilanzen unterteilen, was in folgender Abbildung verdeutlicht
ist. Dabei gilt das Rechnungswesen als der Kern des Informationssystems[244] und beinhaltet unter anderem die Erstellung von Bilanzen und
Gewinn- und Verlustrechnungen sowie die Kosten- und Erlösrechnung.
Durch die Finanzrechnung werden die Bestände und Bewegungen der li-
quiden Mittel erfasst.[245] Mit Investitionsrechnungen wird die ökonomische
Vorteilhaftigkeit von Projekten beurteilt. Diese Informationen fließen dann
in die Unternehmensplanung mit ein.[246] Humanvermögensrechnungen ver-
suchen eine Bewertung der menschlichen Ressourcen des Unternehmens.
Und Sozialbilanzen beinhalten insbesondere die Versorgung mit Informationen aus der außerökonomischen Unternehmensumwelt.[247] Ein Beispiel
dafür ist die Öko- Bilanz, die Umweltwirkungen erfassen, aufbereiten und
bewerten soll.[248]

---

[244] Vgl. DEYHLE, A. (1991), S. 4; HORVÁTH, P. (1996), S. 404.

[245] Vgl. WEBER, J. (1998), S. 165.

[246] Vgl. KÜPPER, H.-U. (1997), S. 114.

[247] Vgl. KÜPPER, H.-U. (1997), S. 107.

[248] Vgl. MEFFERT, H./KIRCHGEORG, M. (1998), S. 163.

Unternehmens- rechnung	**Rechnungswesen** - Bilanzrechnung (Bilanz, Gewinn- und Verlustrechnung, Anlangen-, Lohn- und Gehalts-, Materialrechnung, Kosten- und Erlösrechnung -Statistiken
	Finanzrechnung z.B. Kapitalflußrechnung
	Investitionsrechnung
	Humanvermögensrechnung
	Sozialbilanzen

Abb. 12: Bestandteile der Unternehmensrechnung

Für die Übermittlung der beschafften und verarbeiteten Informationen steht das Berichtswesen zur Verfügung.[249] Damit werden vor allem die anderen Führungsteilsysteme koordiniert, da deren Interdependenzen durch gegenseitige Informationsbedürfnisse gekennzeichnet sind. Deshalb ist das Berichtssystem insbesondere an die Struktur z. B. des Planungs- und Kontrollsystems anzupassen.[250]

3.3.3.2 Instrumente des Kunden-Controlling im Informationssystem

Zur Ermittlung von Kundenanforderungen stehen eine Reihe von internen und externen Erhebungsmethoden zur Verfügung, die im Überblick in der nächsten Abbildung dargestellt sind. Interne Quellen sind z. B. Brainstorming, Reklamationsstatistiken oder Trendanalysen. Zu den externen Quellen zählen unter anderem die Kundenbefragung, die Expertenbefragung

---

[249] Vgl. BRAMSEMANN, R. (1978), S. 64; PEEMÖLLER, V. H. (1997), S. 149; SCHMIDT, R. (1995), S. 152.

[250] Vgl. WEBER, J. (1998), S. 585.

sowie die Konkurrenzanalyse.[251] Nach Ermittlung der Kundenerwartungen müssen diese gewichtet werden. Dazu können paarweise Vergleiche der Bedeutung einzelner Merkmale vorgenommen werden. Ein weiteres Instrument zur Erfüllung dieser Aufgabe ist die Conjointanalyse. Sie ist eine Befragungstechnik, bei der von Kunden die Präferenzen zu fiktiven Produkten, die aus einer Kombination verschiedener Merkmale bestehen, geäußert werden. Durch statistische Auswertungen kann dann die Bedeutung einzelner Produktmerkmale festgestellt werden.[252]

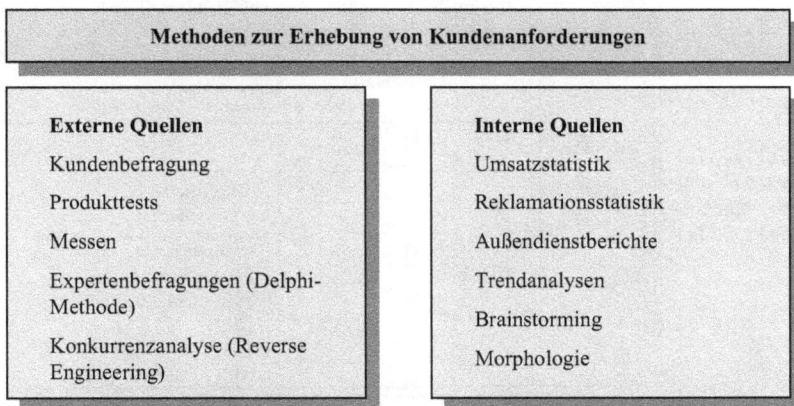

Methoden zur Erhebung von Kundenanforderungen

Externe Quellen

Kundenbefragung

Produkttests

Messen

Expertenbefragungen (Delphi-Methode)

Konkurrenzanalyse (Reverse Engineering)

Interne Quellen

Umsatzstatistik

Reklamationsstatistik

Außendienstberichte

Trendanalysen

Brainstorming

Morphologie

Abb. 13: Methoden zur Erhebung von Kundenanforderungen

Die Messung der Kundenzufriedenheit kann anhand der Bildung eines Customer Satisfaction Index (CSI) geschehen.[253] Dabei kann der CSI als der gewichtete Durchschnitt aller Produkt- oder Dienstleistungsmerkmale, die wichtig für die Kundenzufriedenheit sind, beschrieben werden.[254] Die Ableitung des CSI ist ein aufwendiges Verfahren, welches Informationen über die zeitliche Entwicklung der Kundenzufriedenheit als auch über das Zu-

[251] Vgl. BENZ, CH. (1997), S. 117.

[252] Vgl. BENZ, CH. (1997), S. 119f.

[253] Vgl. LINTON, I. (1994), S. 205.

[254] Vgl. CHAKRAPANI, CH. (1997), S. 240.

friedenheitsniveau verschiedener Kundengruppen liefert.[255] Die Messung des CSI gehört neben der Beschwerdeanalyse zu den subjektiven Verfahren zur Messung der Kundenzufriedenheit, wie folgende Abbildung verdeutlicht. Ein Beispiel für objektive Verfahren ist die Messung von Kennzahlen wie Absatz oder Marktanteil.[256]

Verfahren zur Messung von Kunden-zufriedenheit	subjektiv	Ereignis-orientiert	Kontaktpunktidentifikation (Blueprinting) Qualitative Kontaktpunktmessung (Beobachtung, Sequentielle Ereignis-methode, Critical- Incident- Technique, Beschwerdeanalyse) Quantitative Kontaktpunkt- Problembe-wertung (Frequenz- Relevanz- Analyse von Problemen oder Beschwerden)	
		Merkmals-orientiert	implizit	
			explizit	Eindimen-sional
				mehrdimensional einstellungsorientiert zufriedenheitsorientiert CSI SERVQUAL, SERVPERF, SERVIMPERF
	objektiv	Kennzahlenmethode (Absatz, Marktanteil, Abwanderungsrate, Wiederkaufrate) Silent- Shopper- Methode/ Externer Experte		

Abb. 14: Verfahren zur Messung von Kundenzufriedenheit (in Anlehnung an: TÖPFER, A. (1999), S. 301)

Zur Beurteilung der Kundenbindung kann neben diversen Kennzahlen, wie z. B. der Wiederkaufrate,[257] auch die Kundenfluktuationsanalyse dienen. Sie stellt die Veränderung der Kundenanzahl zwischen zwei Jahren in den Kategorien A bis C dar. Diese Zuordnung von Kunden muss vorher in der

---

[255] Vgl. TÖPFER, A./MANN, A. (1999), S. 86f.

[256] VGL. TÖPFER, A. (1999), S. 301.

[257] VGL. BRUHN, M. (1999a), S. 156.

ABC- Analyse erfolgen.[258] Eine weitere Möglichkeit besteht auch in der Bildung eines Kundenloyalitätsindexes,[259] der vergleichbar mit dem CSI ist.

Für die Beurteilung der Attraktivität eines Kunden für das Unternehmen stehen monokriterielle und multikriterielle Ansätze zur Verfügung, wie die folgende Abbildung verdeutlicht. Bei den monokriteriellen Verfahren können wiederum quantitative und qualitative Methoden unterschieden werden. [260] Quantitative Informationen liefert z. B. die Errechnung eines Kundenwertes, der sich aus den Deckungsbeiträgen des Umsatz- und Cross-Buying- Potentials sowie des Mundwerbungs- und Lernpotentials zusammensetzt.[261] Des Weiteren besteht die Möglichkeit der Berechnung von Kundendeckungsbeiträgen[262] oder die Beurteilung anhand von Umsätzen pro Kunde. Ein dynamisches Verfahren zur quantitativen Kundenbewertung ist die Kundenlebenszyklusanalyse. Dort wird der Customer Lifetime Value als Summe der auf den Gegenwartszeitpunkt diskontierten erwarteten Differenzen zwischen Einnahmen und Ausgaben berechnet.[263] Diese Methode sollte bevorzugt werden, da hier der gesamte Zeitraum der Kundenbeziehung betrachtet wird und somit der Langfristigkeit einer Kundenbeziehung Rechnung getragen wird.[264] Darüber hinaus können Kundenbilanzen und Kundenwertflussrechnungen erstellt werden.[265] Ein weiteres Verfahren zur Beurteilung der quantitativen Attraktivität der Kunden ist die ABC- Analyse. Dort werden für einzelne Kunden oder

---

[258] Vgl. ERLBECK, K. (1999), S. 100f.

[259] Vgl. CHRISTIANUS, D. (1999), S. 50; HOMBURG, CH./WERNER, H. (1998), S. 58ff.

[260] Vgl. RIEKER, ST. A. (1995), S. 49f.

[261] Vgl. STAHL, H. K. (1998), S. 199f.

[262] Vgl. FICKERT, R. (1998), S. 22f.; STAHL, H. K. (1998), S. 194.

[263] Vgl. STAHL, H. K. (1998), S. 198.

[264] Vgl. KLINGEBIEL, N. (1998), S. 329.

[265] Vgl. REICHHELD, F. F./TEAL, TH. (1996), S. 226.

Kundengruppen die Umsätze oder Deckungsbeiträge errechnet. [266] Ziel ist es nach Erkennen der relativen Bedeutung einzelner Kunden, die Aktivitäten und Investitionen genauer planen zu können.

Verfahren zur Beurteilung der Attraktivität eines Kunden	mono-kriteriell	quantitativ	Berechung von Kundenwerten, Kunden-deckungsbeiträgen oder Kundenumsätzen, Kundenlebenszyklusanalyse, Kunden-bilanzen, Kundenwertflussrechnungen, ABC- Analyse
		qualitativ	Analyse des Entwicklungspotentials, Ausstrahlungspotentials, Innovations-potentials, sowie Einflusspotentials, Kooperationsanalyse
	multi-kriteriell		Kundenportfolioanalyse, Bildung von Kennzahlen, Scoring- Modelle

Abb. 15: Instrumente des Kunden-Controlling zur Beurteilung der Kundenattraktivität

Zur Beurteilung der qualitativen Attraktivität von Kunden dient z. B. die Entwicklungspotentialanalyse, die die wirtschaftlichen zukünftigen Potentiale der Kunden bestimmt. Weiterhin ist es sinnvoll, das Ausstrahlungspotential eines Kunden zu ermitteln, um die Referenzwirkung auf andere Kunden beurteilen zu können. Mit der Innovationspotentialanalyse wird die Fähigkeit des Kunden analysiert, marktbedeutende Innovationen im Unternehmen anzuregen. Die Einflusspotentialanalyse gibt darüber hinaus Auskunft, welche Interessengruppen die Kaufentscheidung des Kunden beeinflussen. Und auch die Kooperationsanalyse liefert wertvolle Informationen über die qualitative Bedeutung eines Kunden, indem sie mögliche Synergien zwischen Kunde und Unternehmen durch eine längerfristige Kooperation analysiert. [267]

---

[266] Vgl. BRUHN, M. (1999b), S. 133.

[267] Vgl. RIEKER, ST. A. (1995), S. 58ff.

Zu den multikriteriellen Verfahren zur Beurteilung der Kundenattraktivität zählt z. B. die Portfolioanalyse. Bei der Kundenportfolioanalyse ist die Einteilung der Kunden anhand mehrerer Dimensionen möglich. Ein Portfolio mit den Dimensionen Kosten und Nettopreise kann beispielsweise zur Entwicklung von Absatz- und Marketingstrategien für bestimmte Kundengruppen dienen und wertvolle Informationen über Kostenstrukturen und Verkaufspreise liefern.[268] Weitere Möglichkeiten stellen die Bildung von Kennzahlen, wie z. B. die Umsatzrentabilität,[269] oder Scoring- Modelle dar.[270]

Zur Gewinnung von Informationen über das kundenorientierte Angebot der Wettbewerber im Vergleich zum eigenen Unternehmen kann die Methode des Benchmarking eingesetzt werden. Durch den Vergleich mit dem besten Wettbewerber können neue Anhaltspunkte gewonnen werden, welche weiteren Verbesserungsmaßnahmen getroffen werden sollten, um die Bedürfnisse der Kunden besser zu erfüllen oder die Kosten des aktuellen Angebots zu senken.[271] Eine weitere Möglichkeit zum Vergleich der eigenen Leistung mit der der Wettbewerber bietet die Erstellung eines Profils über die vom Markt empfundene Qualität. Dieses Instrument gibt außerdem Auskunft darüber, was aus Sicht der Kunden unter Qualität verstanden wird.[272]

3.3.4 Darstellung der Instrumente im Organisationssystem

Es werden Methoden und Techniken zur Erfüllung der Aufgaben des Controlling im Organisationssystem genannt. Darauffolgend wird näher auf

---

[268] Vgl. NAGEL, K./RASNER, C. (1993), S. 303; ein weiteres Bsp. siehe HOMBURG, CH./DAUM, D. (1998), S. 128.

[269] Vgl. RIEKER, ST. A. (1995), S. 61f.

[270] Vgl. RIEKER, ST. A. (1995), S. 68.

[271] Vgl. KLINGEBIEL, N. (1998), S. 317; WAGNER, P. (1997), S. 53.

[272] Vgl. GALE, B. T./WOOD, R. CH. (1994), S. 29.

Instrumente zur Bewältigung der Aufgaben des Kunden-Controlling in diesem Führungssubsystem eingegangen.

3.3.4.1 Instrumente des Controlling im Organisationssystem

Trotz der relativen Unerforschtheit derControlling-Aufgaben im Organisationssystem existieren einige Instrumente zur Koordination. So lässt sich durch die Verteilung von Aufgaben und Kompetenzen in einem Unternehmen eine koordinierte Arbeitsteilung erreichen. Dies geschieht durch Hierarchiebildung[273] und Stellenbeschreibungen.[274] Die Koordination im Organisationssystem kann außerdem durch den Aufbau einer formalen Kommunikationsstruktur weiter unterstützt werden, welche die Pflichten zum Informationsaustausch regelt. Hilfreich ist auch die Bildung von Koordinationsorganen, wie Abteilungen oder Kollegien, wodurch die Abstimmung der betreuten Aufgabenträger erreicht werden kann.[275]

Zur Koordination von Führungsaufgaben können weiterhin die Methoden der Standardisierung bzw. Programmierung genutzt werden, durch die wiederholt auftretende Prozesse strukturiert werden.[276] Bei einer Routineprogrammierung werden der zeitliche Ablauf und der Inhalt der Entscheidungen und Handlungen geregelt, während bei der Rahmenprogrammierung der Problemlösungsweg und das Ergebnis festgelegt werden.[277]

Es gibt auch Beiträge in der Literatur, die die Zuordnung dieser Instrumente zum Führungssystem Controlling verneinen, da die damit zu erfüllenden Aufgaben zum Aufgabengebiet des Organisationssystems gehören.[278]

---

[273] Vgl. KÜPPER, H.-U. (1997), S. 267.

[274] Vgl. WEBER, J. (1998), S. 246.

[275] Vgl. KÜPPER, H.-U. (1997), S. 263f.

[276] Vgl. BAUMGARTNER, B. (1980), S. 93.

[277] Vgl. KÜPPER, H.-U. (1997), S. 263.

[278] Vgl. BRÜHL, R. (1992), S. 89.

3.3.4.2 Instrumente des Kunden-Controlling im Organisationssystem

Durch eine Analyse der aktuellen Aufbau- und Ablauforganisation eines Unternehmens kann das Kunden-Controlling Anhaltspunkte für Verbesserungspotentiale geben. Zielführend könnte z. B. die Einführung von funktionsübergreifenden Teams sein, wodurch die Koordination verbessert und die Abläufe beschleunigt werden könnten.[279] Ein weiterer Ansatzpunkt wird in der Schaffung einer prozessorientierten Organisationsstruktur gesehen.[280] Damit ist gemeint, dass der Prozess der Leistungserstellung nicht mehr nach Produkten funktional zerstückelt, sondern aus Sicht des Kunden ganzheitlich betrachtet wird.

Zur Analyse von Verbesserungspotentialen in der Organisationsstruktur kann die Transaktionskostentheorie genutzt werden, mit dem Ziel Transaktionskosten einzusparen.[281] Transaktionskosten sind dabei die Kosten der Koordination der Leistungserstellung.[282] Dabei sollten auch die Transaktionskosten für den Kunden berücksichtigt werden, die durch die Interaktion mit dem Unternehmen entstehen. Damit könnte dem Kunden der Umgang mit dem Unternehmen erleichtert werden.

Weiterhin kann zur Erfüllung dieser Aufgabe die Prozesswertanalyse genutzt werden. Dabei werden Informationen über dauerhafte Optimierungsmaßnahmen von Prozessen generiert. In einem ersten Schritt ist eine Cycle Time- Analyse durchzuführen, um die Durchlaufzeit der Produkte bis zur Übergabe an den Kunden zu optimieren. Danach sollte eine Kundennutzenanalyse erfolgen, durch die eine Differenzierung in wertschaffende und nicht- wertschaffende Tätigkeiten möglich ist. Der letzte Schritt der Prozesswertanalyse ist die Prozesskostenbewertung, bei der die analysierten Aktivitäten und Teilprozesse bewertet werden.[283]

---

[279] Vgl. HOMBURG, CH./WERNER, H. (1998), S. 192.

[280] Vgl. ADENAUER, S. u. a. (1999), S. 27; BICKMANN, R./SCHAD, M. (1998), S. 117.

[281] Vgl. STEIN, CH. W. (1998), S. 42f.

[282] Vgl. STEIN, CH. W. (1998), S. 32.

[283] Vgl. KLEINALTENKAMP, M./SCHWEIKART, M. (1998), S. 119ff.

3.3.5 Darstellung der Instrumente im Personalführungssystem

Nach Beschreibung von Instrumenten des Controlling zur Erfüllung der Aufgaben im Personalführungssystem werden Methoden und Techniken des Kunden-Controlling genannt, die zur Bewältigung der Aufgaben in diesem Führungsteilsystem dienen können.

3.3.5.1 Instrumente des Controlling im Personalführungssystem

Die Instrumente im Personalführungssystem sollen dazu dienen, das Handeln der Mitarbeiter in einem Unternehmen zu koordinieren. Diese Maßnahmen könnten entfallen, wenn die betreffenden Personen die gleichen Ziele, die gleiche Risikobereitschaft und die gleichen Erwartungen über die Konsequenzen und Beschränkungen ihrer Handlungen hätten. Da dies jedoch nicht gegeben ist, müssen gemeinsame Wertvorstellungen und Erwartungen gebildet sowie ein Vertrauensverhältnis geschaffen werden.[284] Dazu dienen in erster Linie Unternehmens- und Führungsgrundsätze, die die Rahmenbedingungen für die Personalführung beinhalten.[285] Eine koordinierende Wirkung hat auch die Festlegung eines bestimmten Führungsstils, welcher sich in dem Umgang zwischen Vorgesetzten und Untergebenen widerspiegelt.[286] Ein grundlegendes Instrument zur Personalführung sind Anreiz- und Motivationssysteme. Diese können im Gegensatz zum Führungsstil allgemeingültig für das ganze Unternehmen vorgeben werden. Ein möglicher Anreiz sind Maßnahmen der Personalentwicklung, um die Mitarbeiter anzuregen im besten Sinne des Unternehmens zu handeln. Dazu zählen unter anderem Aus- und Fortbildungsmaßnahmen sowie die Karriereplanung.[287]

---

[284] Vgl. KÜPPER, H.-U. (1997), S. 26f.

[285] Vgl. KÜPPER, H.-U. (1997), S. 191.

[286] Vgl. KÜPPER, H.-U. (1999), S. 199.

[287] Vgl. KÜPPER, H.-U. (1997), S. 194.

3.3.5.2 Instrumente des Kunden-Controlling im Personalführungssystem

Zur Erreichung der Ziele des Kunden-Controlling sind Anreiz- und Motivationssysteme auch grundlegende Instrumente. Dabei spielen die finanziellen Anreize eine besonders wichtige Rolle. Bei der Ausgestaltung dieser finanziellen Anreize im Vergütungssystem ist auf die Orientierung der Führungskräfte an den langfristigen Unternehmenszielen zu achten. Bei einer zu starken Orientierung an kurzfristigen Zielen ist der Aufbau von langfristigen Leistungs- und Ertragspotentialen gefährdet. Kundenorientierte Bemessungsgrundlagen erfüllen diese Anforderungen.[288] Ihre Einbeziehung in die Vergütungs- und damit Anreizsysteme eines Unternehmens ist Voraussetzung für die Motivation der Mitarbeiter zu kundenorientiertem Verhalten.[289] So kann beispielsweise das Unternehmensziel der Kundenzufriedenheit in das Anreizsystem integriert werden. Dazu muss diese Kennzahl natürlich regelmäßig gemessen und kontrolliert werden.[290]

---

[288] Vgl. HOMBURG, CH./JENSEN, O. (2000), S. 58f.

[289] Vgl. HOMBURG, CH./JENSEN, O. (1998), S. 1.

[290] Vgl. SIMON, H./HOMBURG, CH. (1998), S. 26f.

4 Abgrenzung von Kunden-Controlling gegenüber anderen Controlling-Konzeptionen

Nach der Entwicklung einer Konzeption des Kunden-Controlling ist im Folgenden zu klären, inwieweit es sich beim Kunden-Controlling um ein selbständiges Wissenschaftsgebiet handelt. Dies ist nur dann der Fall, wenn die beschriebenen Aufgabenstellungen nicht schon durch vorhandene Bereiche des Controlling abgedeckt werden.

Es existiert eine Vielzahl von Ansätzen, das Controlling in Bereiche zu unterteilen. So entstehen durch eine zeitliche Differenzierung die Konzeptionen eines strategischen und operativen Controlling.[291] Ein weiterer grundlegender Ansatz ist die Unterscheidung nach Funktionen, wie z. B. in Beschaffungs-, Produktions- oder Absatz-Controlling.[292] Außerdem kann auch eine zielbezogene Untergliederung vorgenommen werden.[293] Dazu zählt z. B. das Öko-Controlling, da es sich in seinen Aufgaben auf spezielle, in diesem Fall umweltorientierte Ziele konzentriert.[294] In diese Kategorie der zielbezogenen Untergliederung des Controlling kann auch ein Kunden-Controlling eingeordnet werden, da seine Aufgaben insbesondere auf das Ziel der Kundenorientierung verbunden mit dem Erfolgsziel ausgerichtet sind.

Grundsätzlich wird sich die Aufgabenstellung des Kunden-Controlling mit der vieler anderer Bereichs-Controlling- Konzeptionen überschneiden. Dies ist immer dann der Fall, wenn sich auch andere Bereichs-Controlling mit kundenorientierten Sachverhalten beschäftigen. So kann es auch die Aufgabe des Erfolgs- und Finanz-Controlling sein, kundenbezogene und auf dieses spezielle Aufgabengebiet gerichtete Daten, wie z. B. Informa-

---

[291] Vgl. REICHMANN, TH. (1997), S. 7; WEBER, J. (1993), S. 304.

[292] Vgl. WEBER, J. (1993), S. 302.

[293] Vgl. WEBER, J. (1993), S. 304; WITT, F.-J. (1997), S. 21.

[294] Vgl. WITT, F.-J. (1997), S. 262.

tionen über die finanzielle Attraktivität der Kunden, zu liefern, wenn dies die Entscheidungsträger benötigen. Eine Abgrenzung gegenüber all diesen Konzeptionen wäre nicht sinnvoll, da es sich hauptsächlich um marginale und fallweise Überlagerungen handeln dürfte, die ein Bezweifeln der Existenzberechtigung des Kunden-Controlling nicht begründen. Daher wird nachfolgend die Abgrenzung nur gegenüber Konzeptionen vorgenommen, bei denen maßgebliche Schnittstellen vermutet werden können. Wesentliche Überschneidungen zwischen Marketing-Controlling, das in der Literatur auch als Absatz-Controlling bezeichnet wird,[295] und Kunden-Controlling könnten aus der Tatsache resultieren, dass beide Konzeptionen auf den Markt, genauer auf den Absatzmarkt, ausgerichtet sind.[296] Eine weitere große Überschneidung der Aufgabengebiete könnte zwischen Kunden- und Vertriebs-Controlling vermutet werden, da sich auch das Vertriebs-Controlling am Markt orientiert.[297]

4.1 Abgrenzung der Konzeption des Kunden-Controlling gegenüber dem Marketing-Controlling

Marketing kann man als „... die bewusst marktorientierte Führung des gesamten Unternehmens oder [als, Anm. d. Autors] marktorientiertes Entscheidungsverhalten in der Unternehmung" verstehen.[298] Damit kann Marketing auch als Philosophie verstanden werden. Die Verantwortung für die Umsetzung dieser Denkhaltung wird dann dem Marketing- Management als Teilbereich der Unternehmung übergeben.[299] Es hat zur Aufgabe,

---

[295] Vgl. HASEBORG, F. (1995), SP. 1543; JASPERSEN, TH. (1999), S. 416; KÜPPER, H.-U. (1997), S. 370.

[296] Zur Absatzmarktorientierung des Marketing-Controlling siehe KÜPPER, H.-U. (1997), S. 370.

[297] Vgl. RAPS, A. (1998), S. 350.

[298] MEFFERT, H. (1998), S. 7.

[299] Vgl. PALLOKS, M. (1991), S. 46.

die marktgerichteten Aktivitäten des Unternehmens zielorientiert zu ge-stalten.[300]

Das oberste Ziel des Marketing-Controlling ist es, die Funktionsfähigkeit des Führungssubsystems Marketing zu gewährleisten.[301] Dazu ist es not-wendig, die Effizienz und Effektivität des Marketing- Managements si-cherzustellen und die Koordinations-, Reaktions- und Adaptionsfähigkeit zu verbessern.[302] Abgeleitet von der Zielsetzung des Controlling bedeutet das für dieses Bereichs-Controlling, die Sicherung der Koordination und Informationsversorgung des Marketing- Managements damit die marke-tingbezogenen Ziele erreicht werden. Im Gegensatz dazu besteht das Ziel des Kunden-Controlling in der Sicherstellung der Koordination und Infor-mationsversorgung der gesamten Unternehmensführung, um eine wirt-schaftlich sinnvolle Ausrichtung des Unternehmens an den Kunden zu er-möglichen.[303] Aus dieser Betrachtungsweise würde sich also eine Über-schneidung beider Aufgabengebiete bei der Koordination und Informati-onsversorgung für das Marketing- Management ergeben, da dieses ein Teil der Unternehmensführung ist.[304]

Ein weiterer Unterschied zwischen Kunden- und Marketing-Controlling ist erkennbar, wenn die Aufgabengebiete des Marketing- Management be-trachtet werden. Im Rahmen der Planung des Marketing- Mix geht es dabei um die Gestaltung und Abstimmung der Marketinginstrumente.[305] Diese lassen sich in die Kategorien der Produkt,- Distributions,- Kontrahierungs- und Kommunikationspolitik unterteilen.[306] Hier wird ersichtlich, dass der Kunde nicht immer unmittelbares Bezugsobjekt des Marketing und damit

---

[300] Vgl. MEFFERT, H. (1998), S. 10.

[301] Vgl. PALLOKS M. (1991), S. 125.

[302] Vgl. HASEBORG, F. (1995), Sp. 1543.

[303] Vgl. Punkt 3.1.2.

[304] Zum Führungsteilbereich Marketing- Management vgl. PALLOKS, M. (1991), S. 46.

[305] Vgl. MEFFERT, H. (1998), S. 881F.

[306] Vgl. MEFFERT, H. (1998), S. 884; vgl. weiter KOTLER, P. (1994), S. 98.

auch des Marketing-Controlling ist, da sich die Marketing- Instrumente vorrangig auf die Gestaltung von z. B. Produkten und Preisen richten. Mittelbar steht der Kunde allerdings immer im Mittelpunkt des Marketing-Management und Marketing-Controlling, da die Aktivitäten auf die Bedürfnisbefriedigung des Kunden ausgerichtet sind.[307] Beim Kunden-Controlling dagegen ist der Kunde immer unmittelbares Bezugsobjekt, da das Kunden-Controlling zur wirtschaftlich sinnvollen Ausrichtung der Unternehmenstätigkeiten an den Kunden beitragen soll.[308] Aus dieser Argumentation wird eine Überlagerung der Aufgabengebiete des Kunden- und Marketing-Controlling bei der Behandlung unmittelbar kundenbezogener Sachverhalte ersichtlich.

Fasst man die beiden dargestellten Aspekte zusammen, so ergibt sich eine Übereinstimmung der Aufgabengebiete des Kunden- und Marketing-Controlling bei der Koordination von unmittelbar kundenbezogenen Sachverhalten und der Versorgung mit unmittelbar kundenbezogenen Daten für das Marketing- Management. Das lässt sich jedoch nicht auf das gesamte Aufgabengebiet des Kunden-Controlling übertragen. So könnte es bei der Informationsbeschaffungsaufgabe unter Umständen zu einer vollständigen Erfüllung dieser Aufgabe durch das Marketing-Controlling kommen. Hierbei haben beide Konzeptionen gemeinsam, Aufgaben über die Kunden und Konkurrenten zu beschaffen.[309] Das beinhaltet sowohl interne Daten aus dem Rechnungswesen als auch externe Daten, die insbesondere durch das Marketing- Instrument der Marktforschung gewonnen werden.[310] Das Kunden-Controlling hat kundenbezogene Daten über das Unternehmen, die Beziehung zum Kunden und die Wettbewerber zu sammeln.[311] Daher ist es möglich, dass diese Aufgabe des Kunden-Controlling immer dann

---

[307] Vgl. KOTLER, P. (1994), S. 13.

[308] Vgl. Punkt 3.1.2.

[309] Vgl. KÜPPER, H.-U. (1997), S. 372; LEHMANN, G. (1998), S. 11ff.; PALLOKS, M. (1991), S. 197.

[310] Vgl. MEFFERT, H. (1998), S. 1041.

[311] Vgl. PUNKT 3.2.4.2.

vom Marketing-Controlling vollständig erfüllt wird, wenn das Marketing-Management kundenbezogene Daten braucht. Allerdings geht die Beschaffungsaufgabe des Marketing-Controlling noch darüber hinaus, da diese z. B. auch die Beschaffung Informationen über die preis- und kommunikationsbezogenen Marketingaktivitäten der Konkurrenten beinhaltet.[312]

Im Gegensatz dazu ist es auch möglich, dass Aufgaben des Kunden-Controlling nicht vom Marketing-Controlling erfüllt werden. So hat Kunden-Controlling neben den in der Planung gebildeten Zielgrößen auch den Prozess der Durchsetzung der Kundenorientierung zu kontrollieren.[313] Diese Aufgabe wird vom Marketing-Controlling nicht erfüllt, da es zwar Prozesskontrollen durchführt,[314] diese jedoch vielmehr auf das Ziel der Sicherstellung der Effizienz und Effektivität des Marketing- Managements gerichtet sind.

Weiterhin muss Kunden-Controlling im Rahmen des Organisationssystems Probleme und Verbesserungspotentiale der alten Organisationsstruktur aufzeigen und dadurch zur Umstellung auf eine kundenorientierte Organisation beitragen. Zu diesem Aufgabenbereich gehört auch die Überprüfung der wirtschaftlichen Notwendigkeit aller Maßnahmen und die Anpassung der anderen Führungsteilsysteme an die neue Organisationsstruktur.[315] Auch dieses Aufgabengebiet wird nicht vom Marketing-Controlling abgedeckt. Zu seiner Konzeption gehört sicherlich auch die Analyse der Marketingstrukturen und Abläufe,[316] allerdings geschieht dies nicht mit dem Ziel der kundenbezogenen Optimierung. Vielmehr ist es auf die Optimierung der Marketingorganisation und –abläufe ausgerichtet.

---

[312] Vgl. PALLOKS, M. (1991), S. 226.

[313] Vgl. Punkt 3.2.3.2.

[314] Vgl. BRUHN, M. (1999b), S. 301; MEFFERT, H. (1998), S. 1045.

[315] Vgl. PUNKT 3.2.5.2.

[316] Vgl. HASEBORG, F. (1995), Sp. 1546; HÜTTNER, M. u. a. (1999), S. 331; KÖHLER, R. (1993), S. 262.

Zusammengefasst kann also gesagt werden, dass es erhebliche Überschneidungen der Aufgabenfelder von Marketing- und Kunden-Controlling gibt, dass aber beide Konzeptionen darüber hinaus Aufgaben erfüllen, die nicht von der jeweils anderen Konzeption berücksichtigt werden.

4.2 Abgrenzung der Konzeption des Kunden-Controlling gegenüber dem Vertriebs-Controlling

Das Hauptziel des Vertriebs-Controlling ist die Sicherstellung der Effizienz des Vertriebsmanagements.[317] Der Vertrieb ist dabei der funktionale Teilbereich eines Unternehmens, bei dem die Kundenwünsche und Unternehmensinteressen direkt aufeinander treffen.[318] Daher muss das Ziel aller Vertriebsaktivitäten ein optimales Kundenmanagement und somit die kundenorientierte Gestaltung aller Tätigkeiten sein.[319] Deshalb sind auch die Aufgaben des Vertriebs-Controlling kundenbezogen.

Ein Abgrenzungskriterium sind die Bezugsobjekte des Vertriebs-Controlling. Als ein Teil des Marketing-Controlling konzentriert es sich primär auf den Bereich der Distributionspolitik.[320] Aus diesem Grund ist auch für das Vertriebs-Controlling der Kunde in jedem Fall mittelbares Bezugsobjekt. Unmittelbar jedoch hat dieses Bereichs-Controlling neben dem Kunden z. B. auch Produkte oder die Verkaufsorganisation als Bezugsobjekte.[321] Kunden-Controlling dagegen bezieht sich unmittelbar nur auf die Kunden. Daher wird ersichtlich, dass die Aufgabengebiete des

---

[317] Vgl. HERING, E. (1999), S. 466; STAHL, H.-W. (1992), S. 187.

[318] Vgl. SCHÄFER, D./STAHL, H.-W. (1989), S. 231.

[319] Vgl. REICHMANN, TH. (1997), S. 381; REICHMANN, TH./PALLOKS, M. (1998), S. 233.

[320] Zum Vertriebs-Controlling als Teil des Marketing-Controlling vgl. HASEBORG, F. (1995), Sp. 1543; HUMMEL, TH. (1999), S. 765; zur Begrenzung auf die Distributionspolitik vgl. KÜPPER, H.-U. (1995), Sp. 2624; WIELPÜTZ, A. (1995), S. 8.

[321] Vgl. RAPS, A. (1998), S. 349.

Kunden- und Vertriebs-Controlling nur dann übereinstimmen, wenn es um unmittelbar kundenbezogene Sachverhalte geht.

Darüber hinaus lässt sich ein weiterer Unterschied feststellen. Das Vertriebs-Controlling bezieht seine Aufgaben, wie aus seinem Ziel deutlich wird, nur auf das Vertriebsmanagement.[322] Kunden-Controlling dagegen erfüllt seine Koordinations- und Informationsversorgungsfunktion für die gesamte Unternehmensführung.[323] Daher überschneiden sich die Aufgabengebiete beider Konzeptionen bei der Aufgabenerfüllung für den Vertrieb. Dieser ist ein Teil der Unternehmensführung, da er sich nur auf die Distributionspolitik als Teil der Aufgaben der betrieblichen Funktion des Marketing- Managements konzentriert.

Fasst man beide Abgrenzungen zusammen, kann also gesagt werden, dass Vertriebs- und Kunden-Controlling jene Aufgaben gemeinsam erfüllen, bei denen es um unmittelbar kundenbezogene Sachverhalte im Auftrag des Vertriebsmanagement geht. Das trifft jedoch nicht auf alle Aufgaben des Kunden-Controlling zu.

So ist es auch möglich, dass unter Umständen die Informationsbeschaffungsaufgabe des Kunden-Controlling vollständig vom Vertriebs-Controlling erfüllt wird. Die Beschaffung von Informationen für den betrieblichen Funktionsbereich Vertrieb ist dabei nur eine Aufgabe des Vertriebs-Controlling im Informationssystem. Diese Informationen beziehen sich auf Produkte oder Dienstleistungen, Kundengruppen bzw. Vertriebswege, sowie Verkaufsgebiete bzw. Regionen.[324] Das Kunden-Controlling hat kundenbezogene Informationen über das Unternehmen, die Beziehung zwischen Unternehmen und Kunde sowie über die Wettbewerber zu sammeln.[325] Daher ist anzunehmen, dass es hier zu einer großen Überschneidung und eventuell auch zu einer völligen Abdeckung des Aufgabenge-

---

[322] Vgl. WIELPÜTZ, A. (1995), S. 9.

[323] Vgl. Punkt 3.2.1.2.

[324] Vgl. HERING, E. (1999), S. 466.

[325] Vgl. Punkt 3.2.4.2.

bietes des Kunden- durch das des Vertriebs-Controlling kommt. Dies ist immer dann der Fall, wenn kundenbezogene Informationen vom Vertrieb gewünscht werden.

Auf der anderen Seite gibt es auch Aufgaben des Kunden-Controlling, die nicht vom Vertriebs-Controlling erfüllt werden. So ist z. B. eine Aufgabe des Vertriebs-Controlling im Rahmen des Organisationssystems die Strukturierung der Vertriebsorganisation, insbesondere der des Außendienstes.[326] Zur Sicherstellung der Effizienz des Vertriebs hat das Vertriebs-Controlling damit die Vertriebsorganisation zu optimieren.[327] Die Überprüfung der Aufbau- und Ablauforganisation auf die Eignung für die gewählten Strategien wird dabei als Audit bezeichnet.[328] Kunden-Controlling dagegen soll durch die organisatorische Strukturanalyse und das Vorschlagen organisatorischer Verbesserungsmaßnahmen die kundenbezogene Effizienz und Effektivität des ganzen Unternehmen sicherstellen.[329] Daher kommt es hierbei nicht zu einer Überschneidung der Aufgabengebiete.

Zusammenfassend ist festzustellen, dass auch das Vertriebs-Controlling nicht die gleichen Aufgaben wie das hier konzipierte Kunden-Controlling wahrnimmt. Allerdings bildet sich eine Schnittmenge beider Konzeptionen, die jedoch nicht die kompletten Aufgabengebiete des Vertriebs- und Kunden-Controlling betrifft.

---

[326] Vgl. HUMMEL, TH. (1999), S. 774; DAUSER, A. (1995), S. 191; HAAG, J. (1990), S. 199.

[327] Vgl. BECKER, J. (1994b), S. 5.

[328] Vgl. DAUSER, A. (1995), S. 193.

[329] Vgl. Punkt 3.2.5.2.

5 Schlussbetrachtung

In dieser Arbeit wurde die Konzeption eines Kunden-Controlling entwik-
kelt. Basierend auf der Problemstellung, die in der Einleitung geschildert
wurde, muss ein Kunden-Controlling für die Ausrichtung aller Unternehmensaktivitäten am Kunden sorgen. Dabei dürfen jedoch wirtschaftliche
Aspekte nicht unberücksichtigt bleiben, da durch die Kundenorientierung
die Existenz des Unternehmens gesichert werden soll. Und dies ist nur
möglich, wenn der finanzielle Erfolg gesichert ist.

Dieses Ziel als Grundlage, hat ein Kunden-Controlling die Führungssubsy-
steme der Unternehmensführung zu koordinieren. Im Planungssystem handelt es sich dabei um die Abstimmung der kundenbezogenen Pläne aller
Unternehmensbereiche. Damit verbunden ist die Überwachung dieser Pläne im Kontrollsystem. Dazu ist eine kundenbezogene Informationsversorgung notwendig, die durch die Koordination im Informationssystem sichergestellt werden soll. Dabei handelt es sich um unternehmensinterne Informationen, wie z. B. den Ist- Stand der Kundenorientierung, Informationen über die Kunden, wie z. B. die Kundenzufriedenheit oder die Kundenerwartungen, als auch um kundenbezogene Informationen über die
Wettbewerber. Das setzt eine kundenbezogene Optimierung des Informationssystems voraus. Diese Optimierung überträgt sich auf die Aufbau- und
Ablauforganisation im Unternehmen. Diese Aufgabe des Kunden-
Controlling im Organisationssystem beinhaltet das Unterbreiten von Ver-
besserungsvorschlägen, basierend auf einer Analyse der vorhandenen
Strukturen. Im Personalführungssystem ist es schließlich Aufgabe des
Kunden-Controlling, durch die Ausrichtung desselben auf die kundenbe-
zogenen Unternehmensziele eine entsprechende Steuerung der Mitarbeiter
zu erreichen. Neben diesen systeminternen Aufgaben wurde dem Kunden-
Controlling auch die Abstimmung dieser Tätigkeiten mit anderen Control-
lingsubsystemen und dem Gesamtcontrolling zugeordnet.

Nach Beschreibung der Konzeption eines Kunden-Controlling mit Zielen,
Aufgaben und Instrumenten musste untersucht werden, inwieweit die An-

forderungen an ein in der Wissenschaft und Praxis akzeptiertes Wissenschaftsgebiet erfüllt werden. Als wichtigste Bedingung gilt dabei das Vorhandensein eines eigenen Aufgabengebietes. Dazu wurde das Kunden-Controlling von den Aufgabengebieten des Marketing- und Vertriebs-Controlling abgegrenzt. Diese beiden Konzeptionen waren besonders naheliegend, da auch sie insbesondere auf den Markt ausgerichtet sind. Es konnte festgestellt werden, dass zwar zwischen dem Kunden-Controlling und dem Marketing- als auch Vertriebs-Controlling eine Schnittmenge der Aufgaben existiert. Allerdings stimmen die Aufgabengebiete nicht vollständig überein. Dies resultiert vor allem aus der Tatsache, dass sich sowohl das Marketing- als auch das Vertriebs-Controlling auf den jeweiligen Funktionsbereich richten. Daher sind sie nicht in der Lage, den geforderten ganzheitlichen Ansatz einer wirtschaftlich sinnvollen Kundenorientierung zu verwirklichen. Ein weiterer Grund für die nur partielle Übereinstimmung ist, dass das Marketing- und Vertriebs-Controlling nicht nur den Kunden, sondern z. B. auch Produkte oder Absatzgebiete, als Bezugsobjekte haben.

Auch die Bedingung des Vorhandenseins von Instrumenten zur Aufgabenerfüllung ist erfüllt, wie durch die Aufzählung zahlreicher Methoden bewiesen werden konnte. Die Praxisrelevanz ergibt sich aus der Problemstellung des Kunden-Controlling, die eingangs beschrieben wurde. Darüber hinaus wird auch gefordert, dass eine Konzeption flexibel sein muss, um so nicht nur kurzzeitig relevant zu sein. Die Erfüllung dieser Anforderung wird sich in der Realität zeigen müssen bzw. sollte Gegenstand einer Überprüfung in einer eigenständigen Arbeit sein. Momentan können dazu noch keine Aussagen gemacht werden, da sich bei der Literaturrecherche für diese Arbeit gezeigt hat, dass eine Konzeption für ein Kunden-Controlling vor Erstellung dieser Arbeit noch nicht existiert hat.

Außer acht blieb in dieser Untersuchung die institutionelle Komponente einer Konzeption. Daher bleibt für weitere Untersuchungen offen, welche organisatorische Umsetzung eines Kunden-Controlling sinnvoll ist. Zu beachten ist dabei, dass eine Verselbständigung in einer eigenen Abteilung oder Stelle nicht zwingend notwendig ist. Dies sollte nur dann erfolgen, wenn der Aufgabenumfang im Unternehmen entsprechend groß ist.

Ein weiterer interessanter Untersuchungsgegenstand könnte die Spezialisierung der Konzeption des Kunden-Controlling auf einzelne Branchen oder Reifegrade von Märkten sein. Da sich hier unterschiedlich Strategien der Kundenorientierung ergeben, könnten auch die Aufgaben eines Kunden-Controlling unterschiedlich gewichtet werden.

Es konnte also festgestellt werden, dass die Konzeption eines Kunden-Controlling notwendig und sinnvoll ist, um die eingangs geforderte wirtschaftlich sinnvolle Kundenorientierung im ganzen Unternehmen durchsetzen zu helfen.

Literaturverzeichnis

ADENAUER, S./BECKER, K./EYER, E./FREMMER, H./HOFMANN, A./SCHULTE, A. (1999): Kundenorientierung unternehmensweit (Organisieren-Gestalten- Verbessern), Köln 1999.

ANTHONY, R. N./GOVINDARAJAN, V. (1998): Management control systems, 9. Aufl., Boston u. a. 1998.

BAUM, H.-G./COENENBERG, A. G./GÜNTHER, TH. (1999): Strategisches Controlling, 2. Aufl., Stuttgart 1999.

BAUMGARTNER, B. (1980): Die Controller-Konzeption (Theoretische Darstellung und praktische Anwendung), Bern/Stuttgart 1980.

BEA, F. X./SCHEURER, ST. (1997): Kundenorientierung als Wettbewerbsvorteil, Tübingen 1997.

BECK, G. (1998): Controlling, Alling 1998.

BECKER, J. (1994a): Die strategischen Dimensionen der Kundenorientierung, in: Markenartikel 1994, 56. Jg., Heft 11, S. 516-519.

BECKER, J. (1994b): Strategisches Vertriebscontrolling, München 1994.

BECKER, R. (1997): Fokus Kunde (Wie sich Unternehmen marktorientiert erneuern), Wiesbaden 1997.

BECKER, W. (1993): Funktionen und Aufgaben des Controlling, in: Kostenrechnungspraxis 1993, 88. Jg., Heft 6, S. 273-275.

BENZ, CH. (1997): Kundenorientierung Stufe 3 (Kundenanforderungen erheben und in Unternehmensprozesse integrieren), in: HORVÁTH & PARTNER (Hrsg.): Qualitätscontrolling (Ein Leitfaden zur betrieblichen Navigation auf dem Weg zum Total Quality Management), Stuttgart 1997, S. 113-137.

BICKMANN, R./SCHAD, M. (1998): Der Kunde sitzt nebenan (Kundenzufriedenheit beginnt beim Mitarbeiter), Wien 1998.

BIERMANN, TH. (1996): Aktives Beschwerdemanagement, in: DEHR, G./BIERMANN, TH. (Hrsg.): Kurswechsel Richtung Kunde (Die Praxis der Kundenorientierung), Frankfurt am Main 1996, S. 161-175.

BOTSCHATZKE, W. (1995): Koordination und Informationsversorgung als Kernfunktion des Controlling, in: STEINLE, C./EGGERS, B./LAWA, D. (Hrsg.): Zukunftsgerichtetes Controlling: Unterstützungs- und Steuerungssystem für das Management, Wiesbaden 1995, S. 95-106.

BRAMSEMANN, R. (1978): Controlling, Wiesbaden 1978.

BRAMSEMANN, R. (1993): Handbuch Controlling (Methoden und Techniken), 3. Aufl., München/Wien 1993.

BROCKHAUS- ENZYKLOPÄDIE (1990): Band 12 Kir- Lag, 19. Aufl., Mannheim 1990.

BRÜHL, R. (1992): Controlling als Aufgabe der Unternehmensführung, Gießen 1992.

BRUHN, M. (1999a): Kundenorientierung (Bausteine eines exzellenten Unternehmens), München 1999.

BRUHN, M. (1999b): Marketing (Grundlagen für Studium und Praxis), 4. Aufl., Wiesbaden 1999.

CHAKRAPANI, CH. (1997): How to measure service quality & customer satisfaction (the informal field guide for tools and techniques), Chicago 1997.

CHRISTIANUS, D. (1999): Management von Kundenzufriedenheit und Kundenbindung (so steigern Sie den Gewinn und den Unternehmenswert), Reuningen- Malmsheim 1999.

CHWOLKA, A. (1996): Controlling als ökonomische Institution (eine agency- theoretische Analyse), Heidelberg 1996.

CRAM, T. (1994): The Power Of Relationship Marketing (How to Keep Customers for Life), London 1994.

DAUSER, A. (1995): Vertriebs-Controlling in Versicherungs- Unternehmen (Theoretische Grundlagen und praktische Anwendungsmöglichkeiten im Rahmen der Lebens- und der Kraftfahrtversicherung), Ulm 1995.

DEHR, G. (1996): Marketing- Planung und Kunde, in: DEHR, G./BIERMANN, TH. (Hrsg.): Kurswechsel Richtung Kunde (Die Praxis der Kundenorientierung), Frankfurt am Main 1996, S. 11-27.

DELLMANN, K. (1992): Eine Systematisierung der Grundlagen des Controlling, in: SPREMANN, K./ZUR, E. (Hrsg.): Controlling (Grundlagen- Informationssysteme- Anwendungen), Wiesbaden 1992, S. 113-140.

DEYHLE, A. (1991): Kommentar der 12 Thesen im Beitrag Küpper/Weber/Zünd zum " Verständnis und Selbstverständnis des Controlling", in ALBACH, H./WEBER, J. (Hrsg.): Controlling (Selbstverständnis, Instrumente, Perspektiven), Wiesbaden 1991, S. 1-8.

DROEGE, W. P. J. (1994): Ultimative Kundenorientierung umsetzen (Den Weg für die Zukunft freimachen), in: absatzwirtschaft 1994, 37. Jg., Heft 5, S. 58-65.

DUTKA, A. F. (1993): AMA handbook for customer satisfaction (research, planning, and implementation), Chicago 1993.

ERLBECK, K. (1999): Kundenorientierte Unternehmensführung (Kundenzufriedenheit und -loyalität), Wiesbaden 1999.

ESCHENBACH, R./ NIEDERMAYR, R. (1996a): Controlling in der Literatur, in: ESCHENBACH, R. (Hrsg.): Controlling, 2. Aufl., Stuttgart 1996, S. 49-64.

ESCHENBACH, R./NIEDERMAYR, R. (1996b): Die Konzeption des Controlling, in: ESCHENBACH, R. (Hrsg.): Controlling, 2. Aufl., Stuttgart 1996, S. 65-93.

FABER, M. (1996): Entwicklung einer allgemeinen Controlling-Konzeption und ihre Ausrichtung auf die öffentlich- rechtlichen Sparkassen, Würzburg 1996.

FICKERT, R. (1998): Customer Costing, in: FICKERT, R. (Hrsg.): Customer Costing, Bern u. a. 1998, S. 11-56.

GALE, B. T./WOOD, R. CH. (1994): Managing customer value (creating quality and service that customers can see), New York 1994.

GÜNDLING, CH. (1996): Maximale Kundenorientierung (Instrumente, individuelle Problemlösungen, Erfolgsstories), Stuttgart 1996.

HAAG, J. (1990): Marketing-Controlling, in: MAYER, E./WEBER, J. (Hrsg.): Handbuch Controlling, Stuttgart 1990, S. 175-210.

HABERSAM, M. (1997): Controlling als Evaluation (Potentiale eines Perspektivenwechsels), München 1997.

HAHN, D. (1996): PuK, Controllingkonzepte (Planung und Kontrolle, Planungs- und Kontrollsysteme, Planungs- und Kontrollrechnung), 5. Aufl., Wiesbaden 1996.

HAMANN, A. (1995): Kundenorientierung (Mensch und Organisation müssen sich qualifizieren), in: Office Management 1995, Heft 12, S. 66-69.

HANS, L./WARSCHBURGER, V. (1996): Grundlagen des Controlling, in: Das Wirtschaftsstudium 1996, 25. Jg., Heft 6, S. 538-541.

HANS, L./WARSCHBURGER, V. (1999): Controlling, 2. Aufl., München u. a. 1999.

HARBERT, L. (1982):Controlling-Begriffe undControlling-Konzeptionen (Eine kritische Betrachtung des Entwicklungsstandes des Controlling und Möglichkeiten seiner Fortentwicklung), Bochum 1982.

HASEBORG, F. (1995): Marketing-Controlling, in: TIETZ, B./KÖHLER, R./ZENTES, J. (Hrsg.): Handwörterbuch des Marketing, 2. Aufl., Stuttgart 1995, Spalten 1542-1553.

HERING, E. (1999): Ganzheitliches Controlling, in: STEINMÜLLER, P. H.(Hrsg.): Die neue Schule des Controllers, Band 2 Kosten- und Leistungsrechnung, Ganzheitliches Controlling, Stuttgart 1999, S. 279-723.

HOFFMANN, W./NIEDERMAYR, R./RISAK, J. (1996): Führungsergänzung durch Controlling, in: ESCHENBACH, R. (Hrsg.): Controlling, 2.Aufl., Stuttgart 1996, S.3-48.

HOMBURG, CH./DAUM, D. (1998): Management der Kundenstruktur als Controllingherausforderung, in: REINECKE, S./TOMCZAK, T./DITTRICH, S. (Hrsg.): Marketing-Controlling, St. Gallen 1998, S. 126-143.

HOMBURG, CH./JENSEN, O. (1998): Kundenorientierte Vergütungssysteme (Empirische Erkenntnisse und Managementempfehlungen), Vallendar 1998.

HOMBURG, CH./JENSEN, O. (2000): Kundenorientierte Vergütungssysteme (Voraussetzungen, Verbreitung, Determinanten), in: Zeitschrift für Betriebswirtschaft 2000, 70. Jg., Heft 1, S. 55-74.

HOMBURG, CH./WEBER, J./AUST, R./KARLSHAUS, J. T. (1998): Interne Kundenorientierung der Kostenrechnung, Vallendar 1998.

HOMBURG, CH./WERNER, H. (1996): Kundenzufriedenheit als Herausforderung für Management und Controlling, in: HORVÁTH, P. (Hrsg.): Controlling des Strukturwandels (Standortflexibilität und Kundenzufriedenheit schaffen), Stuttgart 1996, S. 151-176.

HOMBURG, CH./WERNER, H. (1998): Kundenorientierung mit System (mit Customer- Orientation- Management zu profitablem Wachstum), Frankfurt am Main/New York 1998.

HORVÁTH, P. (1979): Aufgaben und Instrumente des Controlling, in: GOETZKE, W./ SIEBEN, G. (Hrsg.):Controlling-Integration von Planung und Kontrolle, Köln 1979, S. 27-57.

HORVÁTH, P. (1996): Controlling, 6. Aufl., München 1996.

HORVÁTH, P./KAUFMANN, L. (1998): Balanced Scorecard- ein Werkzeug zur Umsetzung von Strategien, in: Harvard Business Manager 1998, 20. Jg., Heft 5, S. 39-48.

HUCH, B./BEHME, W./OHLENDORF, TH. (1997): Rechnungswesen- orientiertes Controlling (ein Leitfaden für Studium und Praxis), 3. Aufl., Heidelberg 1997.

HÜTTNER, M./AHSEN, A. V./SCHWARTING, U. (1999): Marketing- Mana- gement (allgemein- sektoral- international), 2. Aufl., München u. a. 1999.

HUMMEL, TH. (1995): Controlling (Grundlagen und Instrumente), Heidel- berg 1995.

HUMMEL, TH. (1999): Anwendungsfelder und Instrumente des Marketing- Controlling, in: Steinle, C./Bruch, H.(Hrsg.): Controlling: Kom- pendium für Controller- innen und ihre Ausbildung, 2. Aufl., Stuttgart 1999, S. 765-790.

JASPERSEN, TH. (1999): Controlling (betriebswirtschaftliche und techni- sche Verfahren zur Unternehmensführung), 3. Aufl., München u. a. 1999.

JÖSTINGMEIER, B. (1994): Zum Verständnis der Controlling-Konzepte, in: JÖSTINGMEIER, B./GNIRKE, K./WEHBERG, G./KRAMER, J. W./PAUSCH, N.: Controlling-Konzepte im Wandel: ausgewählte Ansätze, Göttingen 1994, S. 1-21.

KAPLAN, R. S./NORTON, D. P. (1996): The balanced scorecard (translating strategy into action), Boston 1996.

KAPLAN, R. S./NORTON, D. P. (1997): Balanced Scorecard (Strategien er- folgreich umsetzen), Stuttgart 1997.

KARLOWITSCH, M. (1997): Entwicklung einer Konzeption des verhalten- sorientierten Controlling, Aachen 1997.

KLEINALTENKAMP, M./SCHWEIKART, M. (1998): Controlling der Kunden-integration, in: REINECKE, S./TOMCZAK, T./DITTRICH, S. (Hrsg.): Marketing-Controlling, St. Gallen 1998, S. 110-125.

KLENGER, F. (1997): Operatives Controlling, 4. Aufl., München u. a. 1997.

KLINGEBIEL, N. (1998): Erhebungs- und Bewertungscontrolling der Kun-denzufriedenheit, in: Jahrbuch der Absatz- und Verbrauchsfor-schung 1998, 44. Jg., Heft 3, S. 307-334.

KÖHLER, R. (1993): Beiträge zum Marketing- Management (Planung, Or-ganisation, Controlling), 3. Aufl., Stuttgart 1993.

KOTLER, P. (1994): Marketing- Management (analysis, planing, imple-mentation, and control), 8. Aufl., Englewood Cliffs 1994.

KOTLER, P./BLIEMEL, F. (1995): Marketing- Management (Analyse, Pla-nung, Umsetzung und Steuerung), 8. Aufl., Stuttgart 1995.

KÜHN, R./FASNACHT, R. (1998): Strategische Frühwarnung als Aufgabe des Marketingcontrollings, in: REINECKE, S./TOMCZAK, T./DITTRICH, S. (Hrsg.): Marketing-Controlling, St. Gallen 1998, S. 22-23.

KÜPPER, H.-U. (1991): Übersicht und Entwicklungstendenzen im Control-ling, in: SCHEER, A.-W. (Hrsg.): Rechnungswesen und EDV (kritische Erfolgsfaktoren in Rechnungswesen und Controlling), Heidelberg 1991, S. 243-270.

KÜPPER, H.-U. (1995): Vertriebs-Controlling, in: TIETZ, B./KÖHLER, R./ZENTES, J. (Hrsg.): Handwörterbuch des Marketing, 2. Aufl., Stuttgart 1995, Spalten 2623-2633.

KÜPPER, H.-U. (1997): Controlling: Konzeption, Aufgaben und Instru-mente, 2. Aufl., Stuttgart 1997.

KÜPPER, H.-U. (1999): Controlling, in: BITZ, M./DELLMANN, K./DOMSCH, M./WAGNER, F. W. (Hrsg.): Vahlens Kompendium der Betriebs-wirtschaftslehre, 4. Aufl., Band 2, München 1999, S. 181-220.

KÜPPER, H.-U./WEBER, J./ZÜND, A. (1990): Zum Verständnis und Selbstverständnis des Controlling, in: Zeitschrift für Betriebswirtschaft
1990, 60. Jg., Heft 3, S. 281-293.

LEHMANN, G. (1998): Bestimmungsfaktoren und theoretische Konzepte eines Marketing-Controlling- Systemes (empirische Untersuchungen über Marketing-Controlling in deutschen Industrieunter-
nehmen), Frankfurt am Main u. a. 1998.

LINTON, I. (1994): Creating a Customer Focused Company (25 Proven Customer Service Strategies), London 1994.

MASSNICK, F. (1997): The Customer Is CEO (How to Measure What Your
Customers Want- And Make Sure They Get It), New York 1997.

MEFFERT, H. (1998): Marketing (Grundlagen marktorientierter Unternehmensführung: Konzepte-Instrumente- Praxisbeispiele), 8. Aufl.,
Wiesbaden 1998.

MEFFERT, H./KIRCHGEORG, M. (1998): Marktorientiertes Umweltmanage-
ment (Konzeption- Strategie- Implementierung mit Praxisfällen),
3. Aufl., Stuttgart 1998.

MÜLLER, A. (1996): Grundzüge eines ganzheitlichen Controllings, München u. a. 1996.

NAGEL, K. (1995): Kundenorientierung praxisnah (Ein Wegweiser für
Unternehmer), Stuttgart 1995.

NAGEL, K./RASNER, C. (1993): Herausforderung Kunde (Neue Dimensionen der Kunden- und marktorientierten Unternehmensführung),
Landsberg/Lech 1993.

NEUMANN- SZYSZKA, J. (1994): Kostenrechnung und umweltorientiertes
Controlling (Möglichkeiten und Grenzen des Einsatzes eines
traditionellen Controllinginstruments im umweltorientierten
Controlling), Wiesbaden 1994.

NIESCHLAG, R./DICHTL, E./HÖRSCHGEN, H. (1997): Marketing, 18. Aufl.,
Berlin 1997.

OLIVER, R. L. (1997): Satisfaction (A Behavioral Perspective On The Consumer), Boston u. a. 1997.

OSSADNIK, W. (1996): Controlling, München u. a. 1996.

PALLOKS, M. (1991): Marketing-Controlling (Konzeption zur entscheidungsbezogenen Informationsversorgung des operativen und strategischen Marketing- Management), Frankfurt am Main u. a. 1991.

PAPE, U. (1997): Wertorientierte Unternehmensführung und Controlling, Sternenfels/Berlin 1997.

PEEMÖLLER, V. H. (1997): Controlling (Grundlagen und Einsatzgebiete), 3. Aufl., Herne/Berlin 1997.

PETERS, TH. J./WATERMAN, R. H. (1995): In Search of Excellence (Lessons from America's Best-Run Companies), London 1995.

PFOHL, H.-C./STÖLZLE, W. (1997): Planung und Kontrolle (Konzeption, Gestaltung, Implementierung), 2. Aufl., München 1997.

PIONTEK, J. (1996): Controlling, München u. a. 1996.

PLINKE, W. (1996): Kundenorientierung als Voraussetzung der Customer Integration, in: KLEINALTENKAMP, M./FLIEß, S./JACOB, F. (Hrsg.): Customer- Integration (von der Kundenorientierung zur Kundenintegration), Wiesbaden 1996, S. 41-56.

POCSAY, A. (1996): Neue Wege der Kundenorientierung, in: SCHEER, A.-W. (Hrsg.): Rechnungswesen und EDV (Kundenorientierung in Industrie, Dienstleistung und Verwaltung), Heidelberg 1996, S. 67-86.

PREISSLER, P. R. (Hrsg.) (1996): Controlling, 6. Aufl., Landsberg/Lech 1996.

RAPPAPORT, A. (1999): Shareholder Value (Wertsteigerung als Maßstab für die Unternehmungsführung), 2. Aufl., Stuttgart 1999.

RAPS, A. (1998): Modernes Vertriebscontrolling, in: kostenrechnungspraxis 1998, 42. Jg., Heft 6, S. 349-355.

REICHHELD, F. F./TEAL, TH. (1996): The Loyalty Effect (The Hidden Force Behind Growth, Profits, and Lasting Value), Boston 1996.

REICHMANN, TH. (1997): Controlling mit Kennzahlen und Managementberichten (Grundlagen einer systemgestütztenControlling-Konzeption), 5. Aufl., München 1997.

REICHMANN, TH./PALLOKS, M. (1998): Modernes kennzahlengestütztes Vertriebscontrolling, in: REICHMANN, TH./PALLOKS, M. (Hrsg.): Kostenmanagement und Controlling, Frankfurt am Main u. a. 1998, S. 231-258.

REINECKE, S./SIPÖTZ, E./WIEMANN, E.-M. (Hrsg.) (1998): Total customer care (Kundenorientierung auf dem Prüfstand), St. Gallen/Wien 1998.

RICHTER, H. J. (1987): Theoretische Grundlagen des Controlling (Strukturkriterien für die Entwicklung vonControlling-Konzeptionen), Frankfurt am Main u. a. 1987.

RIEKER, ST. A. (1995): Bedeutende Kunden (Analyse und Gestaltung von langfristigen Anbieter- Nachfrager- Beziehungen auf industriellen Märkten), Wiesbaden 1995.

SCHÄFER, D./STAHL, H.-W. (1989): Vertriebscontrolling mit „Controllers Toolbox", in: SCHEER, A.-W. (Hrsg.): Rechnungswesen und EDV, Heidelberg 1989, S. 230-250.

SCHIERENBECK, H. (1999): Grundzüge der Betriebswirtschaftslehre, 14. Aufl., München u. a. 1999.

SCHILDBACH, TH. (1992): Begriff und Grundproblem des Controlling aus betriebswirtschaftlicher Sicht, in: SPREMANN, K./ZUR, E. (Hrsg.): Controlling (Grundlagen- Informationssysteme- Anwendungen), Wiesbaden 1992, S. 21-36.

SCHMIDT, A. (1996): Das Controlling als Instrument zur Koordination der Unternehmensführung (eine Analyse der Koordinationsfunktion des Controlling unter entscheidungsorientierten Gesichtspunkten), Frankfurt am Main u. a. 1996.

SCHMIDT, R. (1995): Grundfunktionen des Controlling (Eine Analyse der betriebswirtschaftlichen Literatur zum Stand der aufgabenorientierten Controllingdiskussion), Frankfurt am Main u. a. 1995.

SCHNAARS, ST. P. (1991): Marketing Strategy (A Customer- Driven Approach), New York 1991.

SCHWEITZER, M./FRIEDL, B. (1992): Beitrag zu einer umfassenden Controlling-Konzeption, in: SPREMANN, K./ZUR, E. (Hrsg.): Controlling (Grundlagen- Informationssysteme- Anwendungen), Wiesbaden 1992, S. 141-167.

SERFLING, K. (1992): Controlling, 2. Aufl., Stuttgart u. a. 1992.

SHETH, J. N./MITTAL, B./NEWMAN, B. J. (1999): Customer Behavior (Consumer Behavior And Beyong), New York u. a. 1999.

SIMON, H./HOMBURG, CH. (1998): Kundenzufriedenheit als strategischer Erfolgsfaktor (Einführende Überlegungen), in: SIMON, H./HOMBURG, CH. (Hrsg.): Kundenzufriedenheit (Konzepte- Methoden- Erfahrungen), 3. Aufl., Wiesbaden 1998, S. 17-32.

STAHL, H. K. (1998): Modernes Kundenmanagement- wenn der Kunde im Mittelpunkt steht (ein Weiterbildungsbuch von der Kundenabwanderung und Kundennähe zur Kundenzufriedenheit und Kundenbewertung), Reuningen-Malmsheim 1998.

STAHL, H.-W. (1992): Controlling (Theorie und Praxis einer effizienten Systemgestaltung), Wiesbaden 1992.

STEIN, CH. W. (1998): Transaktionskostenorientiertes Controlling der Organisation und Personalführung, Wiesbaden 1998.

STEINLE, C. (1999a): Entwicklung, Ansätze und Grundverständnis des Controlling, in: STEINLE, C./ BRUCH, H. (Hrsg.): Controlling (Kompendium für Controller-innen und ihre Ausbildung), 2. Aufl., Stuttgart 1999, S. 6-19.

STEINLE, C. (1999b): Ziele, Aufgaben und Instrumente des Controlling, in: STEINLE, C./ BRUCH, H. (Hrsg.): Controlling (Kompendium für Controller- innen und ihre Ausbildung), 2. Aufl., Stuttgart 1999, S. 20-28.

STEINLE, C. (1999c): Systeme, Objekte und Bestandteile des Controlling, in: STEINLE, C./ BRUCH, H. (Hrsg.): Controlling (Kompendium für Controller- innen und ihre Ausbildung), 2. Aufl., Stuttgart 1999, S. 279-340.

TÖPFER, A. (1999): Analyseverfahren zur Messung der Kundenzufriedenheit und Kundenbindung, in: TÖPFER, A. (Hrsg.): Kundenzufriedenheit messen und steigern, 2. Aufl., Neuwied/Kriftel 1999, S. 299-370.

TÖPFER, A./MANN, A. (1999): Kundenzufriedenheit als Meßlatte für den Erfolg, in: TÖPFER, A. (Hrsg.): Kundenzufriedenheit messen und steigern, 2. Aufl., Neuwied/Kriftel 1999, S. 59-110.

WAGNER, H. (1998): Marktorientierte Unternehmensführung versus Orientierung an Mitarbeiterinteressen, Shareholder- Value und Gemeinwohlverpflichtung, in: BRUHN, M./STEFFENHAGEN, H. (Hrsg.): Marktorientierte Unternehmensführung (Reflexionen - Denkanstöße - Perspektiven), 2. Aufl., Wiesbaden 1998, S. 87-102.

WAGNER, P. (1997): Kundenorientierung (Der Königsweg zum Unternehmenserfolg), Reuningen-Malmsheim/Wien 1997.

WAYLAND, R. E./COLE, P. M. (1997): Customer Connections (New Strategies For Growth), Boston 1997.

WEBER, J. (1990): Ursprünge, Begriff und Ausprägungen des Controlling, in: MAYER, E./WEBER, J. (Hrsg.): Handbuch Controlling, Stuttgart 1990, S. 3-32.

WEBER, J. (1993): Bereichscontrolling, in: WITTMANN, W./KERN, W./KÖHLER, R./ KÜPPER, H.-U./ WYSOCKI V., K. (Hrsg.): Handwörterbuch der Betriebswirtschaft, Band 1, 5. Aufl., Stuttgart 1993, Spalten 300-312.

WEBER, J. (1997): Controlling von Kundenzufriedenheit, in: HOMBURG, CH./SIMON, H. (Hrsg.): Kundenzufriedenheit (Konzepte- Methoden- Erfahrungen), 2. Aufl., Wiesbaden 1997, S. 245-262.

WEBER, J. (1998): Einführung in das Controlling, 7. Aufl., Stuttgart 1998.

WEBER, J./SCHÄFER, U. (1999): Sicherstellung der Rationalität der Führung als Aufgabe des Controlling?, in: Die Betriebswirtschaft 1999, 59. Jg., Heft 6, S. 731-747.

WELGE, M. K. (1988): Unternehmensführung, Band 3, Stuttgart 1988.

WIELPÜTZ, A. (1995): Vertriebscontrolling (theoretische Grundlagen und Umsetzung in die Praxis), Marburg 1995.

WITT, F.-J. (1997): Controlling, Band 1, München 1997.

ZENZ, A. (1999): Strategisches Qualitätscontrolling (Konzeption als Metaführungsfunktion), Wiesbaden 1999.

ZIEGENBEIN, K. (1998): Controlling, 6. Aufl., Ludwigshafen (Rhein) 1998.

www.ingramcontent.com/pod-product-compliance
Lightning Source LLC
Chambersburg PA
CBHW020844210326
41598CB00019B/1968